中国社会责任百人论坛文库

主 编：李 扬
副主编：钟宏武 张 蕙

U0610797

上海上市公司社会责任研究报告

RESEARCH REPORT ON LISTED CORPORATE
SOCIAL RESPONSIBILITY IN SHANGHAI（2016）

2016

钟宏武 翟利峰 王梦娟 贾 晶等／著

经济管理出版社
ECONOMY & MANAGEMENT PUBLISHING HOUSE

图书在版编目（CIP）数据

上海上市公司社会责任研究报告（2016）/钟宏武等著 . —北京：经济管理出版社，2016.12

ISBN 978 - 7 - 5096 - 4764 - 6

Ⅰ.①上…　Ⅱ.①钟…　Ⅲ.①上市公司—社会责任—研究报告—上海—2016
Ⅳ.①F279.246

中国版本图书馆 CIP 数据核字（2016）第 286843 号

组稿编辑：陈　力
责任印制：司东翔

出版发行：经济管理出版社
　　　　　（北京市海淀区北蜂窝 8 号中雅大厦 A 座 11 层　100038）
网　　　址：www.E - mp.com.cn
电　　　话：（010）51915602
印　　　刷：三河市延风印装有限公司
经　　　销：新华书店
开　　　本：720mm×1000mm/16
印　　　张：14.25
字　　　数：225 千字
版　　　次：2016 年 12 月第 1 版　　2016 年 12 月第 1 次印刷
书　　　号：ISBN 978 - 7 - 5096 - 4764 - 6
定　　　价：68.00 元

第二届中国（上海）上市公司企业社会责任峰会暨《上海上市公司社会责任研究报告（2016）》发布会

指导单位： 上海证监局
上海市总工会
上海证券交易所

主办单位： 新华网
上海上市公司协会
上海市经济团体联合会
上海市浦东新区金融服务局
中国金融信息中心

联合主办： 中国社会科学院经济学部企业社会责任研究中心
上海五牛股权投资基金管理有限公司

协办单位： 安徽嘉禾生态农业投资发展股份有限公司
江苏长生投资集团有限公司

评审顾问委员会名单：

上海证监局局长　　　　　　　　　　　　　严伯进
新华社上海分社社长　　　　　　　　　　　姜　微
新华网股份有限公司董事长　　　　　　　　田舒斌
上海市总工会副主席　　　　　　　　　　　姜海涛
上海证券交易所副总经理　　　　　　　　　徐毅林

上海上市公司协会秘书长   钱　衡

中国金融信息中心总经理   叶国标

评审专家委员会名单：

上海证监局副局长   韩少平

新华网股份有限公司常务副总裁   魏紫川

上海市经济团体联合会执行副会长   李鹤富

上海上市公司协会秘书长   钱　衡

新华社上海分社副社长   潘海平

复旦大学管理学院企业管理系主任   苏　勇

上海财经大学商学院执行院长   骆玉鼎

上海交通大学安泰经济与管理学院教授 周祖城

中国社会科学院经济学部企业社会责任研究中心主任 钟宏武

上海上市公司协会副秘书长   史美健

上海市总工会劳动关系工作部部长   周永宝

中国企业社会责任百人论坛文库
总　序

时代呼唤责任。"十三五"时期是我国实现"两个百年"目标、全面建成小康社会的关键时期。近年来，社会责任呈现出标准化、法制化、社会化、价值化等趋势，国际国内社会责任标准不断推出，履行责任从软约束成为硬约束，各种社会力量高度关注，担责成为企业的商业追求和发展机遇。在这样的新形势下，履行社会责任成为重要议题。

责任亟待研讨。中国社会责任百人论坛应运而生，以汇聚责任思想、共享责任成果、提升责任绩效为宗旨，聚集政府领导、专家学者、企业家等社会责任领域的领袖人物，共商责任之策，共谋责任之事。通过组织专题研讨、召开大型会议，搭建社会责任交流平台，推出社会责任重要成果，为政府推进社会责任建言献策，为企业履行社会责任指明方向。

分享创造价值。责任百人论坛的思想需要记录，需要在更大范围分享。《中国社会责任百人论坛文库》每年精选演讲文稿、研究专著、企业实践案例，出版发行、宣传推广，提升全社会的责任意识，指导企业的责任实践，努力通过3-5年的运行，为中国社会责任贡献一批传世之作。

百人论道，万众聚力。

是为序。

中国社会责任百人论坛秘书处

2016 年

中国社会责任百人论坛简介

"中国社会责任百人论坛"（以下简称"责任百人论坛"）（英文名称为：China Social Responsibility 100 Forum），是由致力于推动中国社会责任发展的专家学者、企业家、社会活动家等自发筹建的公益性组织，是中国社会责任领域的高端平台。

责任百人论坛通过持续举办重点、热点问题研讨会、重要成果发布会等，实现汇聚责任思想、共享责任成果、提升履责绩效的论坛宗旨，为政府推进社会责任发展建言献策，为企业履行社会责任指明方向，助力中国走出一条经济繁荣、社会进步、环境优美的可持续发展之路，携手共筑"中国梦"。

责任百人论坛设立企业理事会，吸纳在行业内有一定影响力，具有较强社会责任感和良好声誉的企业加入。

责任百人论坛设立秘书处，作为日常办事机构。

责任百人论坛主要活动：

- 责任百人会议

➤ 年会

每年1月举办，总结年度工作，发布年度重要成果，讨论新一年的工作计划。

- 重大热点研讨会

发布论坛成员的重要研究成果，就重大热点社会/环境问题进行深度研讨，为社会责任事业的发展建言献策。

➤ 责任百人公益

组织专家学者、社会活动家、企业社会责任工作负责人等持续开展扶贫调研和公益活动。

● 责任百人咖啡厅

➢ 责任百人咖啡

百人论坛选定固定场所，设立"责任百人咖啡"。

● 责任百人沙龙

每周在咖啡厅召开小型专题研讨会，探讨热点问题，发布最新成果。

● 社会责任年鉴

➢ 责任百人文库

梳理中国社会责任年度大事件，评选"中国社会责任优秀案例"，出版《中国社会责任年鉴》，于每年的论坛年会上发布。

● 社会责任百家谈

汇编年度精彩演讲，摘录年度重要成果，每年出版发布。

责任百人论坛联合发起人：

李　扬　国家金融与创新实验室理事长，中国社会科学院经济学部主任，中国社会科学院原副院长

彭华岗　国务院国资委副秘书长

黄群慧　中国社会科学院工业经济研究所所长

潘家华　中国社会科学院城市发展与环境研究所所长

张　翼　中国社会科学院社会发展战略研究院院长

郭秀明　工业和信息化部政策法规司副巡视员

邓国胜　清华大学公益慈善研究院副院长

张晓刚　国际标准化组织（ISO）主席，鞍钢集团公司副董事长

宋志平　中国建材集团有限公司董事长、党委书记

刘　冰　中国黄金集团公司副总经理、党委委员

王幼燕　三星（中国）投资有限公司副总裁

宝　山　北大纵横管理咨询集团高级合作人

钟宏武　中国社会科学院企业社会责任研究中心主任（秘书长）

张　蒽　中国社会科学院企业社会责任研究中心常务副主任（执行秘书长）

责任百人论坛官方微信：

责任百人论坛秘书处联系方式：

| 秘书长 | 钟宏武 | zhonghw@ cass – csr. org |
| 执行秘书长 | 张 蕙 | zhangen@ cass – csr. org |

主要作者简介

钟宏武 中国社会科学院经济学部企业社会责任研究中心主任，男，四川省简阳人，毕业于中国社会科学院研究生院工业经济系，管理学博士，副研究员。主持"中央企业海外社会责任研究"（国资委课题）、"中国食品药品行业社会责任信息披露机制研究"（国家食药监局课题）、"中国保险业白皮书"（保监会课题）、"企业社会责任推进机制研究"（国资委课题）、"上市公司社会责任信息披露"（深交所课题）；先后访问日本、南非、英国、瑞典、台湾、缅甸、苏丹、美国、韩国、荷兰，研究企业社会责任。出版《中国企业社会责任报告编写指南》、《企业社会责任基础教材》、《企业社会责任蓝皮书》、《企业社会责任报告白皮书》、《慈善捐赠与企业绩效》等26部专著。在《经济研究》、《中国工业经济》、《人民日报》等刊物上发表论文50余篇。

翟利峰 中国社会科学院经济学部企业社会责任研究中心副主任，男，哲学硕士。2010年开始进入企业社会责任研究领域，目前主攻方向为ESG评价和责任品牌，负责企业社会责任报告评级业务，合著出版《中国企业社会责任报告白皮书（2011/2012/2013/2014/2015）》，曾参与《中国企业社会责任蓝皮书（2011/2012/2013/2014/2015/2016）》和《中国上市公司非财务信息研究蓝皮书（2011）》课题的技术路线设计、数据收集和撰写工作；参加国土资源部、国家食品药品监督管理总局、工信部、国务院国资委研究课题（省部级）；为中国石化、三星、华夏幸福基业等大型企业社会责任报告提供指导意见。

王梦娟 中国社会科学院企业社会责任研究中心项目八部部长，女，江西吉安人，毕业于中国人民大学农业与农村发展学院，工学硕士。曾参与《中国企业社会责任报告白皮书（2014/2015）》、《中国企业社会责任蓝皮书

（2014/2015/2016）》的编写；参加"矿山企业社会责任评价指标体系"、"中国企业社会责任报告编写指南之食品行业"等课题研究；为中国石化、中粮集团、中国建筑等120余家大型企业提供报告评级服务；曾参与中国港中旅集团、LG电子、圣象集团等公司的社会责任咨询工作。

贾　晶　中国社会科学院企业社会责任研究中心研究助理，女，毕业于中国社会科学院研究生院，社会工作硕士。曾参与《中国企业社会责任蓝皮书（2016）》的数据收集、分析和撰写工作；为中国电信、中国兵器装备、中国盐业、中国大唐、国华电力、国机集团、三元、中国松下、佳能等十余家大型企业提供报告评级服务；曾参与LG电子、圣象集团等公司的社会责任咨询工作。

相关研究业绩

课题：

1. 国家发改委：《"一带一路"与海外企业社会责任》，2015；

2. 工业和信息化部：《责任制造——以社会责任推动"中国制造2025"》，2015；

3. 国务院国资委：《中央企业海外社会责任研究》，2014；

4. 国务院国资委：《中央企业社会责任优秀案例研究》，2014；

5. 国家食品药品监督局：《中国食品药品行业社会责任信息披露机制研究》，2014；

6. 国土资源部：《矿山企业社会责任评价指标体系研究》，2014；

7. 中国保监会：《中国保险业社会责任白皮书》，2014；

8. 全国工商联：《中国民营企业社会责任研究报告》，2014；

9. 陕西省政府：《陕西省企业社会责任研究报告》，2014；

10. 国土资源部：《矿业企业社会责任报告制度研究》，2013；

11. 国务院国资委：《中央企业社会责任优秀案例研究》，2013；

12. 中国扶贫基金会：《中资海外企业社会责任研究》，2012～2013；

13. 北京市国资委：《北京市属国有企业社会责任研究》，2012年5～12月；

14. 国资委研究局：《企业社会责任推进机制研究》，2010年1～12月；

15. 国家科技支撑计划课题：《社会责任国际标准风险控制及企业社会责任评价技术研究》之子任务，2010年1～12月；

16. 深交所：《上市公司社会责任信息披露》，2009年3～12月；

17. 中国工业经济联合会：工信部制定《推进企业社会责任建设指导意

见》前期研究成果，2009 年 10～12 月；

18. 中国社会科学院：《灾后重建与企业社会责任》，2008 年 8 月至 2009 年 8 月；

19. 中国社会科学院：《海外中资企业社会责任研究》，2007 年 6 月至 2008 年 6 月；

20. 国务院国资委：《中央企业社会责任理论研究》，2007 年 4 月至 2007 年 8 月。

专著：

1. 《企业社会责任负面信息披露研究》，经济管理出版社 2015 年版；

2. 《企业公益蓝皮书（2014）》，经济管理出版社 2015 年版；

3. 《中国企业社会责任报告编写指南 3.0 之石油化工业指南》，经济管理出版社 2015 年版；

4. 《中国企业社会责任报告编写指南（CASS - CSR3.0）》，经济管理出版社 2014 年版；

5. 《中国企业社会责任报告编写指南 3.0 之钢铁业指南》，经济管理出版社 2014 年版；

6. 《中国企业社会责任报告编写指南 3.0 之仓储业指南》，经济管理出版社 2014 年版；

7. 《中国企业社会责任报告编写指南 3.0 之电力生产业》，经济管理出版社 2014 年版；

8. 《中国企业社会责任报告编写指南之家电制造业》，经济管理出版社 2014 年版；

9. 《中国企业社会责任报告编写指南之建筑业》，经济管理出版社 2014 年版；

10. 《中国企业社会责任报告编写指南之电信服务业》，经济管理出版社 2014 年版；

11. 《中国企业社会责任报告编写指南之汽车制造业》，经济管理出版社 2014 年版；

12. 《中国企业社会责任报告编写指南之煤炭采选业》，经济管理出版社

2014 年版；

13.《中国企业社会责任报告编写指南之一般采矿业》，经济管理出版社 2014 年版；

14.《中国企业社会责任案例》，经济管理出版社 2014 年版；

15.《中国国际社会责任与中资企业角色》，中国社会科学出版社 2013 年版；

16.《企业社会责任基础教材》，经济管理出版社 2013 年版；

17.《中国可持续消费研究报告》，经济管理出版社 2013 年版；

18.《企业社会责任蓝皮书（2012）》，社会科学文献出版社 2012 年版；

19.《中国企业社会责任报告白皮书（2012）》，经济管理出版社 2012 年版；

20.《企业社会责任蓝皮书（2011）》，社会科学文献出版社 2011 年版；

21.《中国企业社会责任报告编写指南（CASS – CSR2.0）》，经济管理出版社 2011 年版；

22.《中国企业社会责任报告白皮书（2011）》，经济管理出版社 2011 年版；

23.《企业社会责任管理体系研究》，经济管理出版社 2011 年版；

24.《分享责任——中国社会科学院研究生院 MBA "企业社会责任" 必修课讲义集（2010）》，经济管理出版社 2011 年版；

25.《企业社会责任蓝皮书（2010）》，社会科学文献出版社 2010 年版；

26.《政府与企业社会责任》，经济管理出版社 2010 年版；

27.《企业社会责任蓝皮书（2009）》，社会科学文献出版社 2009 年版；

28.《中国企业社会责任报告编写指南（CASS – CSR1.0）》，经济管理出版社 2009 年版；

29.《中国企业社会责任发展指数报告（2009）》，经济管理出版社 2009 年版；

30.《慈善捐赠与企业绩效》，经济管理出版社 2007 年版。

论文：

在《经济研究》、《中国工业经济》、《人民日报》、《光明日报》等刊物上发表论文数十篇。

专访：

接受中央电视台、中央人民广播电台、人民网、新华网、光明网、凤凰卫视、法国24电视台等数十家媒体专访。

前　言

　　2006 年是中国企业社会责任的"元年"，至今已走过了快速发展的 10 年。10 年间，政府部门、社会团体、研究机构、社会公众和新闻媒体等多方力量积极推动中国企业履行社会责任，上市公司作为中国经济发展的主力军，在主动承担社会责任方面责无旁贷。

　　随着社会各界对上市公司社会责任的关注程度日益提高，各级政府部门和监管机构越来越重视上市企业社会责任信息的披露，并纷纷出台各类文件引导或要求企业进行社会责任信息的发布。2006 年，深圳证券交易所出台《深圳证券交易所上市公司社会责任指引》，"鼓励公司根据本指引的要求建立社会责任制度，定期检查和评价公司社会责任制度的执行情况和存在问题，形成社会责任报告"，对上市公司履行社会责任基本内涵和具体工作指出方向。2008 年，上海证券交易所发布了《关于加强上市公司社会责任承担工作暨〈上海证券交易所上市公司环境信息披露指引〉》的通知，倡导各上市公司积极承担社会责任，落实可持续发展及科学发展观，促进公司在关注自身及全体股东经济利益的同时，充分关注包括公司员工、债权人、客户、消费者及社区在内的利益相关者的共同利益，促进社会经济的可持续发展。2011 年，证监会 41 号公告，明确上市公司"增强社会责任意识，鼓励披露社会责任报告"，"上市公司应充分认识和披露公司在社会责任履行中的差距和不足，避免'报喜不报忧'的选择性披露情况。"上市公司主动披露社会责任信息，增强企业透明度，一方面能够帮助各投资者做出正确的投资决策，另一方面有助于提升企业美誉度，从而拥有更好的市场表现。

　　外部评价是促进上市公司非财务信息披露、透明运营的重要因素。用逻辑一致的指标体系对不同上市公司的信息披露水平进行评价，有助于政府、投资者、客户、合作伙伴、公众等利益相关方更清晰地辨识企业社会责任发展的水平和差距，综合判断上市公司的可持续发展能力，进而选择购买或退出目标上市公司股票。从国际上看，投资者越来越关注资本市场的环境责任和社会责任风险。联合国责任投资原则组织PRI对48个国家的900多个签署机构管理者总计30万亿美元的资产的问卷调查显示，94%的资产所有者和93%的投资经理人已经制定了正式的责任投资政策。对上市公司的社会责任问题进行监控和评估，可帮助投资者有效地规避上市公司非财务性风险。

基于上述背景，为综合评价和反映上海上市公司社会责任信息披露的当前水平，中国社会科学院企业社会责任研究中心联合新华社上海分社、上海市上市公司协会等机构组成联合课题组，选取在上海市注册的222家上市公司为样本企业，对其社会责任管理体系与社会/环境信息披露水平进行综合评价，总结上海上市公司2015~2016年社会责任发展的阶段性特征，以期推动上海上市公司更好地履行社会责任，做好社会责任信息披露工作。

钟宏武

2016 年 12 月

摘　要

在延续和发展《企业社会责任蓝皮书（2009/2010/2011/2012/2013/2014/2015）》研究方法和技术路线的基础上，课题组组织编写了《上海上市公司社会责任研究报告（2016）》。全书由指数篇、行业篇、报告篇、案例篇和附录五大部分构成。

指数篇即"上海上市公司社会责任发展指数（2016）"。由中国社会科学院经济学部企业社会责任研究中心构建出一套企业社会责任管理现状和责任信息披露水平的综合评价体系，它以在上海地区注册的222家上市公司为研究对象，从企业社会责任报告、财务报告、企业官方网站等公开渠道收集企业主动披露的责任信息，对样本企业2015～2016年社会责任管理现状和信息披露水平进行了整体评价，总结其年度特征，形成中国企业社会责任发展报告（2016）。

行业篇是对热点行业社会责任发展指数（2016）的详细解读，通过对金融，医药生物，食品，交通运输、仓储和邮政，房地产，ICT六个社会关注度高，对经济、社会、环境影响力大的行业进行重点分析，通过探究各行业中企业的社会责任发展指数，反映不同行业社会责任管理水平与社会责任信息披露水平。

报告篇是对总报告的专项研究，分析了222家上海上市公司2016年发布的企业社会责任报告，共有77份，研究方法以"中国企业社会责任报告评级标准（2014）"为基础，从完整性、实质性、可比性、可读性、平衡性和创新性六大方面逐一对77份报告进行定量分析和客观评价，剖析了其年度特征。

案例篇在辨析热点责任议题的基础上，从责任管理、投资者关系管理、供应链管理、客户责任、科技创新、社区关系、员工关爱、环境保护八个方面，选取典型的上海上市公司优秀案例，为提升上海上市公司责任管理、强化责任实践提供借鉴和参考。

附录一介绍了上海上市公司社会责任发展指数（2016），附录二介绍了上海上市公司社会责任报告评价结果（2016），附录三介绍了中国企业社会责任报告评级标准（2014），以便让读者更快捷地了解和查询上海上市公司社会责任的具体表现。

（本书电子版，请登录中心网站下载，地址：http：//www. cass‐csr. org/）

目 录

指数篇
上海上市公司社会责任发展指数
（2016）

2009 年以来，中国社会科学院经济学部企业社会责任研究中心（以下简称"中心"）连续八年编著《中国企业社会责任研究报告》，发布中国企业社会责任发展指数（2009/2010/2011/2012/2013/2014/2015/2016）（以下简称"指数"），辨析中国企业社会责任发展进程的阶段性特征，为深入研究中国企业社会责任现状提供基准性参考。2016 年，中心联合新华社上海分社、上海市上市公司协会等机构组成联合课题组，构建新评价指标体系，对上海地区注册的 222 家上市公司社会责任管理现状和社会/环境信息披露水平，进行逐一评价，研究上海上市公司社会责任 2015/2016 年的最新进展，以期促进上海地区企业社会责任又好又快发展。

第一章

研究方法与技术路线

　　企业社会责任发展指数是对企业社会责任管理体系建设现状和社会/环境信息披露水平进行评价的综合指数。本报告以上海地区注册的上市公司为研究对象，截至 2015 年 12 月，在上海市注册的境内上市公司共有 222 家。

　　上海上市公司社会责任发展指数（2016）的研究路径如下：延续责任管理、市场责任、社会责任、环境责任"四位一体"的理论模型；参考 ISO 26000 等国际社会责任指数、证监会和沪深交易所等国内社会责任倡议文件，以及世界 500 强企业社会责任报告指标，优化分行业社会责任指标体系；从企业社会责任报告、企业年报、企业单项报告①、企业官方网站收集上海上市公司 2015/2016 年的社会责任信息；对企业的社会责任信息进行内容分析和定量评价，得出企业社会责任发展指数初始得分，并根据责任奖项、责任缺失②和创新责任管理对初始得分进行调整，得到企业社会责任发展指数最终得分与排名，如图 1-1 所示。

一、理论模型

　　本研究以责任管理、市场责任、社会责任、环境责任"四位一体"为理论模型（见图 1-2）。责任管理位于模型的核心，是每个企业社会责任实践的原点。企业责任管理包括责任战略、责任治理、责任融合、责任绩效、责任沟通和责任能力。市场责任居于模型基部。企业是经济性组织，为市场高

---

　　① 单项报告包括企业公益报告书、环境报告书、员工报告书、客户报告书等针对特定相关方面对外发布的报告。
　　② 责任缺失负面信息的来源包括人民网、新华网等权威媒体和相关政府网站。

```
┌──────┐   ┌────────────┐
│理     │   │ 三重底线理论  │
│论     ├───┤            ├──┐   ┌────────────┐
│框     │   ├────────────┤  ├──►│指标体系理论模型  │
│架     │   │ 利益相关方理论 │  │   └────────────┘
└──────┘   └────────────┘  │
                          ┌──────────────┐
┌──────┐   ┌────────────┐ │
│对     │   │ISO26000等国际CSR倡议│
│标     ├───┤            │
│分     │   ├────────────┤
│析     │   │沪深交易所等国内CSR倡议│
└──────┘   ├────────────┤
           │ 世界500强CSR报告│
           └────────────┘

                          ┌──────────────────┐
                          │ 分行业的社会责任指标体系 │
                          └──────────────────┘

┌──────┐   ┌────────────┐
│信     │   │ 社会责任报告  │
│息     │   ├────────────┤
│来     ├───┤ 企业年报    │
│源     │   ├────────────┤    ┌──────────────────────┐
│       │   │ 企业官网    │    │上海上市公司社会责任发展指数初始得分│
└──────┘   └────────────┘    └──────────────────────┘

                          ┌──────────────┐
                          │    调整项     │
                          └──────────────┘

                          ┌────────────────────────┐
                          │上海上市公司社会责任发展指数最终得分│
                          └────────────────────────┘
```

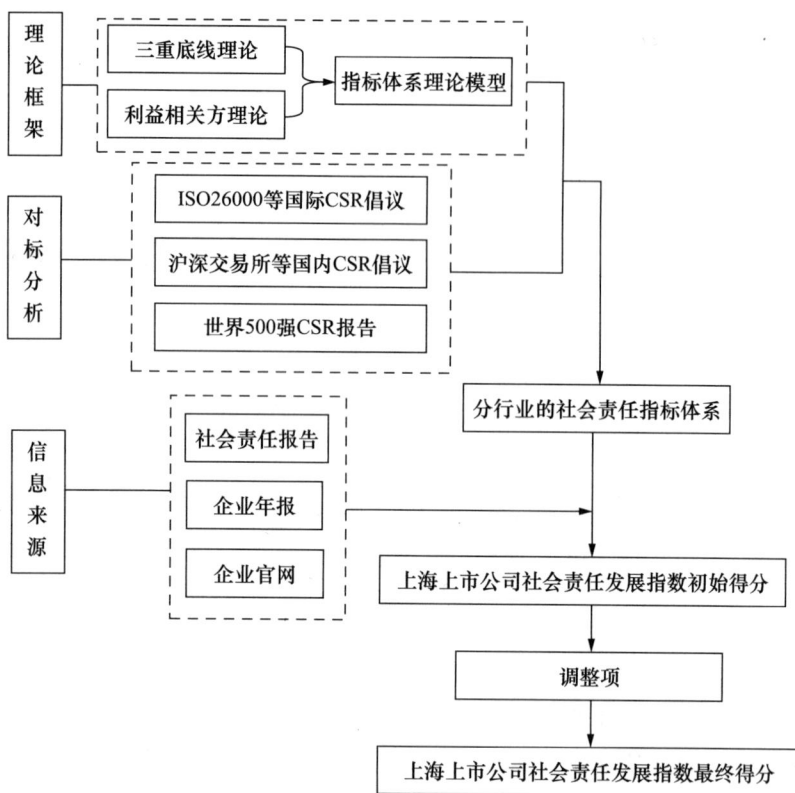

图 1-1　上海上市公司社会责任发展指数研究路径

效率、低成本地提供有价值的产品或服务，取得较好的财务绩效是企业可持续发展的基础。市场责任包括客户责任、伙伴责任和股东责任等与企业业务活动密切相关的责任。社会责任为模型的左翼，包括政府责任、员工责任和社区责任。环境责任为模型的右翼，包括环境管理、节约资源能源、降污减排等内容。整个模型围绕责任管理这一核心，以市场责任为基石，社会责任、环境责任为两翼，形成一个稳定的闭环三角结构①。

---

① 深交所（2006）和上交所（2008）有关社会责任指引都强调社会责任的广泛性，包括股东、债权人、职工、客户、消费者、供应商、社区等利益相关方所应承担的责任，是对社会、自然的全面责任。

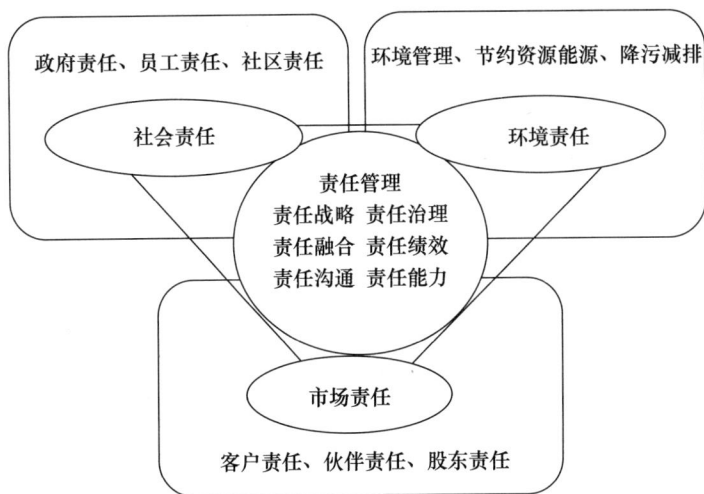

图 1-2 "四位一体" 理论模型

二、指标体系

（一）对标分析

为了使上海上市公司社会责任发展指数指标体系既能遵从国际规范又符合中国实践，本研究参考了国际企业社会责任倡议和指标体系、国内企业社会责任倡议以及世界 500 强企业的社会责任报告。

参考的国际企业社会责任倡议和指标体系包括国际标准化组织颁布的社会责任指南（ISO 26000）、全球报告倡议组织（GRI）可持续发展报告指南（G4）、《财富》100 强责任排名指数、道琼斯可持续发展指数、英国企业商会（BiTC）企业责任指数等；参考的国内企业社会责任倡议和指南包括《中央企业履行社会责任的指导意见》、《中国工业企业及工业协会社会责任指南（第二版）GSRI-CHINA2.0》、《深圳证券交易所上市公司社会责任指引》、"关于加强上市公司社会责任承担工作暨发布《上海证券交易所上市公司环境信息披露指引》的通知"、《中国企业社会责任报告编写指南之一般框架（CASS-CSR3.0）》等；参考的世界 500 强企业的社会责任报告主要是所涉及企业的社会责任报告，以借鉴其中的行业关键指标。

（二）分行业的指标体系

不同行业社会责任议题的重要性存在较大差别，上海上市公司企业社会责任发展指数（2016）依据不同行业的社会责任特性，构建了分行业的企业社会责任指标体系。行业分类以国家统计局的"国民经济行业分类（GB/T 4754—2011）"为基础，参考证监会 19 个门类划分方式，根据各行业社会责任关键议题的相近程度，进行合并和拆分，最终确定了上海上市公司社会责任发展指数 24 个行业的划分标准，如表 1 – 1 所示。

表 1 – 1　上海上市公司社会责任发展指数行业划分　　单位：家

序号	行业分类	企业数量
1	机械设备制造业	37
2	房地产业	19
3	信息传输、软件和信息技术服务业	18
4	批发和零售业	17
5	交通运输、仓储和邮政业	16
6	石油化工类	15
7	金融业	12
8	电子类	12
9	医药生物业	10
10	一般制造业	10
11	建筑业	8
12	矿产加工类	7
13	综合	6
14	文化、体育和娱乐业	6
15	科学研究和技术服务业	6
16	食品业	5
17	纺织服装类	5
18	租赁和商务服务业	4
19	电力、热力、燃气及水生产和供应业	4
20	采矿业	2
21	住宿和餐饮业	1
22	农、林、牧、渔业	1
23	教育	1
24	水利、环境和公共设施管理业	0

（三）议题型评价指标体系

鉴于行业间社会责任议题的存在较大差异，上海市上市公司社会责任发展指数评价采用"通用议题＋行业特定议题"的评价指标体系。经过行业细分、强化特征议题后，企业社会责任发展指数指标体系的科学性、针对性得以保证，并确保了指标体系构建的科学性和指标的实质性。以一般制造业为例，上海市上市公司社会责任发展指数评价指标体系见表1－2。

表1－2 上海上市公司社会责任发展指数（2016）评价指标体系

责任板块	责任议题	责任指标
责任管理	责任管理	①企业社会责任理念；②核心社会责任议题；③企业社会责任规划或年度计划；④社会责任领导机构；⑤社会责任组织体系；⑥社会责任管理制度；⑦利益相关方识别；⑧利益相关方的期望及企业回应措施；⑨利益相关方沟通、参与机制；⑩是否发布社会责任报告；⑪报告是否有第三方评价；⑫官网上是否有CSR专栏；⑬是否有单项报告；⑭高层领导参与的社会责任活动
市场责任	股东权益	①投资者关系管理制度；②营业收入；③净利润；④资产总额；⑤资产负债率
	供应链管理	①供应商管理制度；②供应商名单；③供应商资质要求；④责任采购制度及方针；⑤推动供应商履行社会责任
	客户满意	①客户关系管理制度；②售后服务体系；③积极应对客户投诉；④客户信息保护；⑤客户满意度调查；⑥产品质量管理体系及认证；⑦广告宣传合规
	科技创新	①支持科技研发的制度及措施；②研发人员数量及比例；③研发投入；④新增专利数
	行业特定议题	行业相关指标
社会责任	依法经营	①守法合规体系；②反腐败和商业贿赂；③纳税总额；④报告期内吸纳就业人数
	员工关爱	①平等雇佣制度；②劳动合同签订率/集体合同覆盖率；③社会保险覆盖率；④参加工会的员工比例；⑤禁止强迫劳动；⑥保护雇员个人信息和隐私；⑦每年人均带薪休假天数；⑧女性管理者比例；⑨残疾人雇佣率或雇佣人数；⑩民主管理与厂务公开；⑪困难员工帮扶投入；⑫为特殊人群（如孕妇、哺乳妇女等）提供特殊保护；⑬员工满意度；⑭员工流失率；⑮员工培训制度；⑯员工培训绩效；⑰员工职业发展通道；⑱员工成长激励机制

续表

责任板块	责任议题	责任指标
社会责任	社区关系	①社区沟通参与机制和渠道；②支持员工本地化的政策；③支持本地化采购；④支持社区成员（尤其是弱势群体）的教育与学习；⑤和当地政府、NGO等建立伙伴关系；⑥公益方针/基金会；⑦支持员工志愿者制度/员工志愿活动绩效；⑧捐赠总额
	安全生产	①安全生产管理体系；②安全应急管理机制；③安全教育与培训；④安全培训绩效；⑤安全生产投入；⑥员工伤亡人数
	行业特定议题	行业相关指标
环境责任	绿色经营	①环境管理体系及认证；②环保培训与宣教；③环保总投入；④能源消耗总量；⑤水资源消耗总量；⑥环保技术设备研发与应用；⑦绿色办公；⑧应对气候变化目标及计划；⑨温室气体排放量及减排量
	行业特定议题	行业相关指标

（四）指标赋权与评分

上海上市公司社会责任发展指数的赋值和评分共分为以下五个步骤：

（1）根据各行业指标体系中各项企业社会责任内容的相对重要性，运用层次分析法确定责任管理、市场责任、社会责任、环境责任四大类责任板块的权重[①]。

（2）根据不同行业的实质性和重要性，为每大类责任议题以及每一议题下面具体指标赋权。

（3）根据企业社会责任管理现状和信息披露的情况，给出各项社会责任内容下的每一个指标的得分。

（4）根据权重和各项责任板块的得分，计算企业在所属行业下社会责任发展指数的初始得分。计算公式为：企业社会责任指数初始得分 $= \sum_{j=1,2,3,4} A_j \times W_j$，其中，$A_j$ 为企业某社会责任板块得分，W_j 为该项责任板块的权重。

---

① 评分标准：无论管理类指标还是绩效类指标，如果从企业公开信息中能够说明企业已经建立了相关体系或披露了相关绩效数据，就给分；否则，该项指标不得分。指标得分之和就是该项责任板块的得分。

（5）初始得分加上调整项得分就是企业在所属行业下的社会责任发展指数得分。调整项得分包括企业社会责任相关奖项的奖励分、企业社会责任管理的创新实践加分，以及年度重大社会责任缺失扣分项。

三、数据来源

上海上市公司社会责任发展指数的评价信息来自企业主动、公开披露的社会/环境信息。这些信息应该满足以下基本原则：①主动性，向社会主动披露社会/环境信息是企业的重要责任，因此，这些信息应该是企业主动披露的信息；②公开性，利益相关方能够通过公开渠道方便地获取相关信息；③实质性，这些信息要能切实地反映企业履行社会责任的水平；④时效性，这些信息要反映出企业最新的责任实践。

本年度的信息收集截至日期为 2016 年 4 月 30 日。如果企业在此之前公开发布了 2015 年的企业社会责任报告、企业年度报告和企业单项报告，则纳入信息采集范围；否则不作为信息来源。企业官方网站的信息采集区间为 2015 年 5 月 1 日至 2016 年 4 月 30 日发布的消息。

此外，本研究在对企业履行社会责任的情况进行评价时，还考虑了企业的缺失行为和负面信息。由于中国企业很少主动披露负面信息，因此企业社会责任负面信息的来源不局限于社会责任报告、年报和官方网站，课题组统计了新华网、人民网等权威媒体和政府网站的相关报道。

依据上述原则，本研究确定了五类信息来源：2015 年度企业社会责任报告①、2015 年企业年报、企业单项报告及企业官方网站，以及外部权威媒体新闻报道。

四、星级划分

为了直观地反映出企业的社会责任管理现状和信息披露水平，课题组根据企业社会责任发展的阶段特征，将企业年度社会责任发展指数进行星

---

① 企业社会责任报告是企业非财务报告的统称，包括环境报告、可持续发展报告、企业公民报告、企业社会责任报告等。

级分类，分别为：五星级、四星级、三星级、二星级和一星级五个星级水平，分别对应卓越者、领先者、追赶者、起步者和旁观者五个发展阶段，各类企业对应的社会责任发展指数星级水平和企业社会责任发展特征如表1－3所示。

表1－3　企业社会责任发展类型

序号	星级水平	得分区间	发展阶段	企业特征
1	五星级（★★★★★）	80分以上	卓越者	企业建立了完善的社会责任管理体系，社会责任信息披露完整，是我国企业社会责任的卓越引领者
2	四星级（★★★★）	60～80分	领先者	企业逐步建立社会责任管理体系，社会责任信息披露得较为完整，是我国企业社会责任的先行者
3	三星级（★★★）	40～60分	追赶者	企业开始推动社会责任管理工作，社会责任披露基本完善，是社会责任领先企业的追赶者
4	二星级（★★）	20～40分	起步者	企业社会责任工作刚刚"起步"，尚未建立系统的社会责任管理体系，社会责任信息披露也较为零散、片面，与领先者和追赶者有着较大的差距
5	一星级（★）	20分以下	旁观者	企业社会责任信息披露严重不足

第二章

上海上市公司社会责任发展指数评价结果

（2016）

表 2-1 上海上市公司社会责任发展指数评价结果（2016） 单位：分

排名	证券代码	股票名称	综合得分	责任管理	市场责任	社会责任	环境责任
五星级（★★★★★）6家							
1	601231	环旭电子	92.5	100.0	88.3	85.7	100.0
2	600196	复星医药	92.0	90.0	90.0	96.4	90.9
3	600619	海立股份	88.5	100.0	70.0	91.1	100.0
4	600050	中国联通	84.5	95.0	76.7	87.5	81.8
5	600688	上海石化	81.0	92.5	80.0	80.4	72.7
6	600000	浦发银行	80.0	100.0	70.0	82.1	72.7
四星级（★★★★）21家							
7	600018	上港集团	79.5	92.5	83.3	64.3	81.8
8	600026	中海发展	77.0	55.0	83.3	75.0	90.9
8	600104	上汽集团	77.0	82.5	80.0	66.1	81.8
10	600019	宝钢股份	76.0	50.0	83.3	82.1	81.8
11	600021	上海电力	74.5	72.5	60.0	85.7	81.8
12	600420	现代制药	72.0	72.5	66.7	91.1	54.5
13	601328	交通银行	71.0	77.5	50.0	87.5	72.7
13	600284	浦东建设	71.0	67.5	66.7	83.9	63.6
15	600115	东方航空	70.5	65.0	70.0	73.2	72.7
16	600500	中化国际	68.5	42.5	66.7	64.3	100.0
17	600741	华域汽车	67.5	67.5	73.3	64.3	63.6
18	600748	上实发展	66.0	55.0	63.3	78.6	63.6

续表

排名	证券代码	股票名称	综合得分	责任管理	市场责任	社会责任	环境责任
19	600628	新世界	65.0	27.5	73.3	76.8	72.7
19	600958	东方证券	65.0	65.0	56.7	96.4	36.4
19	600648	外高桥	65.0	75.0	70.0	64.3	50.0
19	600517	置信电气	65.0	57.5	65.0	85.7	45.5
23	600850	华东电脑	63.5	80.0	66.7	58.9	50.0
23	600663	陆家嘴	63.5	65.0	73.3	55.4	59.1
25	600171	上海贝岭	63.0	42.5	70.0	76.8	54.5
25	600616	金枫酒业	63.0	37.5	66.7	80.4	59.1
25	601601	中国太保	63.0	100.0	60.0	57.1	40.9
三星级（★★★）33 家							
28	600639	浦东金桥	59.5	70.0	46.7	69.6	54.5
28	601607	上海医药	59.5	100.0	35.0	57.1	59.1
30	600508	上海能源	59.0	40.0	50.0	67.9	77.3
31	600597	光明乳业	57.5	42.5	63.3	67.9	50.0
32	600824	益民集团	55.5	47.5	46.7	64.3	63.6
33	601727	上海电气	55.0	50.0	61.7	48.2	59.1
34	600151	航天机电	53.5	55.0	53.3	44.6	63.6
34	600094	大名城	53.5	40.0	40.0	83.9	45.5
36	300272	开能环保	52.0	22.5	53.3	55.4	72.7
37	600618	氯碱化工	51.0	15.0	73.3	60.7	40.9
38	600315	上海家化	49.5	37.5	26.7	71.4	63.6
39	600653	申华控股	48.5	25.0	48.3	57.1	59.1
40	600845	宝信软件	47.5	22.5	78.3	55.4	18.2
41	002028	思源电气	46.5	10.0	61.7	67.9	31.8
42	600651	飞乐音响	46.0	10.0	68.3	58.9	31.8
42	002527	新时达	46.0	15.0	56.7	53.6	50.0
42	002178	延华智能	46.0	15.0	53.3	46.4	63.6
42	600611	大众交通	46.0	42.5	36.7	69.6	31.8
46	600636	三爱富	45.0	10.0	58.3	66.1	31.8
47	600623	华谊集团	44.5	15.0	56.7	62.5	31.8
48	600816	安信信托	44.0	45.0	46.7	50.0	31.8

续表

排名	证券代码	股票名称	综合得分	责任管理	市场责任	社会责任	环境责任
49	600601	方正科技	43.0	27.5	51.7	46.4	40.9
49	300168	万达信息	43.0	15.0	56.7	57.1	31.8
51	600503	华丽家族	42.5	37.5	31.7	66.1	31.8
52	603718	海利生物	42.0	20.0	60.0	46.4	31.8
52	600009	上海机场	42.0	25.0	43.3	67.9	22.7
52	600895	张江高科	42.0	37.5	36.7	58.9	31.8
52	601866	中海集运	42.0	62.5	30.0	41.1	40.9
56	600820	隧道股份	41.5	10.0	50.0	62.5	31.8
56	600655	豫园商城	41.5	27.5	40.0	75.0	13.6
58	300286	安科瑞	40.0	25.0	60.0	60.7	0.0
58	600604	市北高新	40.0	20.0	33.3	71.4	27.3
58	600836	界龙实业	40.0	42.5	30.0	44.6	45.5
二星级（★★）108家							
61	600708	光明地产	39.0	37.5	43.3	66.1	0.0
61	603020	爱普股份	39.0	10.0	33.3	60.7	45.5
61	600210	紫江企业	39.0	27.5	70.0	26.8	22.7
64	600061	国投安信	38.5	12.5	41.7	66.1	22.7
64	600624	复旦复华	38.5	12.5	38.3	62.5	31.8
66	300262	巴安水务	38.0	40.0	50.0	42.9	13.6
67	300067	安诺其	37.5	15.0	33.3	62.5	31.8
67	600837	海通证券	37.5	22.5	20.0	71.4	31.8
67	600649	城投控股	37.5	25.0	56.7	44.6	13.6
67	600835	上海机电	37.5	22.5	41.7	55.4	22.7
71	300059	东方财富	37.0	25.0	51.7	44.6	18.2
72	002565	上海绿新	36.5	0.0	31.7	57.1	50.0
72	002328	新朋股份	36.5	12.5	40.0	53.6	31.8
72	002162	悦心健康	36.5	20.0	58.3	28.6	31.8
75	600642	申能股份	36.0	35.0	38.3	44.6	22.7
75	300398	飞凯材料	36.0	12.5	60.0	19.6	45.5
75	600654	中安消	36.0	10.0	46.7	46.4	31.8
75	300230	永利股份	36.0	0.0	53.3	46.4	31.8

续表

排名	证券代码	股票名称	综合得分	责任管理	市场责任	社会责任	环境责任
79	300245	天玑科技	35.5	22.5	60.0	35.7	13.6
79	600606	绿地控股	35.5	27.5	23.3	67.9	18.2
79	601616	广电电气	35.5	0.0	31.7	67.9	31.8
79	600827	百联股份	35.5	22.5	16.7	50.0	54.5
83	300039	上海凯宝	35.0	15.0	50.0	32.1	36.4
83	600635	大众公用	35.0	32.5	26.7	37.5	45.5
83	900953	凯马B	35.0	12.5	45.0	32.1	45.5
86	600272	开开实业	34.5	25.0	40.0	48.2	18.2
86	600680	上海普天	34.5	30.0	36.7	51.8	13.6
88	600841	上柴股份	34.0	22.5	20.0	37.5	59.1
88	600530	交大昂立	34.0	10.0	28.3	55.4	36.4
90	600081	东风科技	33.5	0.0	40.0	66.1	13.6
90	600634	中技控股	33.5	15.0	43.3	51.8	13.6
92	600170	上海建工	33.0	57.5	35.0	39.3	0.0
92	601211	国泰君安	33.0	15.0	30.0	39.3	45.5
94	002669	康达新材	32.5	12.5	36.7	42.9	31.8
94	601872	招商轮船	32.5	0.0	30.0	51.8	40.9
94	600072	钢构工程	32.5	12.5	38.3	41.1	31.8
97	002269	美邦服饰	32.0	15.0	55.0	30.4	18.2
97	002278	上海莱士	32.0	0.0	50.0	60.7	0.0
97	300336	新文化	32.0	27.5	23.3	48.2	27.3
97	601788	光大证券	32.0	25.0	26.7	57.1	13.6
97	300017	网宿科技	32.0	15.0	43.3	42.9	18.2
102	300469	信息发展	31.5	10.0	56.7	30.4	18.2
102	600278	东方创业	31.5	12.5	16.7	57.1	36.4
102	601021	春秋航空	31.5	0.0	48.3	42.9	22.7
105	603009	北特科技	31.0	12.5	21.7	53.6	31.8
106	300180	华峰超纤	30.5	10.0	43.3	30.4	31.8
106	600602	云赛智联	30.5	0.0	36.7	44.6	31.8
108	002158	汉钟精机	30.0	0.0	36.7	67.9	0.0
109	600834	申通地铁	29.5	30.0	26.7	44.6	13.6

续表

排名	证券代码	股票名称	综合得分	责任管理	市场责任	社会责任	环境责任
109	603899	晨光文具	29.5	10.0	31.7	64.3	0.0
109	603030	全筑股份	29.5	10.0	46.7	33.9	18.2
109	300483	沃施股份	29.5	10.0	53.3	16.1	31.8
113	600622	嘉宝集团	29.0	12.5	23.3	69.6	0.0
113	600613	神奇制药	29.0	15.0	30.0	46.4	18.2
113	603012	创力集团	29.0	0.0	53.3	35.7	13.6
116	002486	嘉麟杰	28.5	0.0	45.0	28.6	31.8
116	600614	鼎立股份	28.5	12.5	35.0	19.6	45.5
116	600629	华建集团	28.5	0.0	53.3	44.6	0.0
119	300236	上海新阳	28.0	0.0	45.0	37.5	18.2
119	603003	龙宇燃油	28.0	12.5	23.3	55.4	13.6
119	600676	交运股份	28.0	20.0	31.7	26.8	31.8
122	000863	三湘股份	27.5	0.0	26.7	58.9	13.6
122	002324	普利特	27.5	12.5	33.3	28.6	31.8
122	600819	耀皮玻璃	27.5	10.0	41.7	35.7	13.6
125	002568	百润股份	27.0	0.0	56.7	21.4	18.2
125	300378	鼎捷软件	27.0	12.5	35.0	35.7	18.2
127	603006	联明股份	26.0	12.5	41.7	39.3	0.0
128	300330	华虹计通	25.5	0.0	45.0	28.6	18.2
128	300153	科泰电源	25.5	0.0	30.0	33.9	31.8
128	600843	上工申贝	25.5	0.0	46.7	30.4	13.6
128	600320	振华重工	25.5	15.0	21.7	46.4	13.6
132	002401	中海科技	25.0	0.0	50.0	35.7	0.0
132	601968	宝钢包装	25.0	12.5	31.7	35.7	13.6
134	600665	天地源	24.5	10.0	33.3	44.6	0.0
134	600848	上海临港	24.5	0.0	20.0	30.4	45.5
134	300327	中颖电子	24.5	0.0	63.3	19.6	0.0
137	002195	二三四五	24.0	10.0	35.0	41.1	0.0
137	300225	金力泰	24.0	0.0	46.7	21.4	18.2
137	900935	阳晨 B 股	24.0	0.0	21.7	26.8	45.5
137	600073	上海梅林	24.0	0.0	25.0	41.1	22.7

续表

排名	证券代码	股票名称	综合得分	责任管理	市场责任	社会责任	环境责任
141	002636	金安国纪	23.5	0.0	56.7	8.9	18.2
141	603128	华贸物流	23.5	10.0	26.7	48.2	0.0
141	600826	兰生股份	23.5	0.0	36.7	44.6	0.0
144	300326	凯利泰	23.0	0.0	43.3	35.7	0.0
144	600608	ST沪科	23.0	12.5	48.3	21.4	0.0
146	600679	上海凤凰	22.5	12.5	35.0	33.9	0.0
146	300462	华铭智能	22.5	0.0	60.0	16.1	0.0
146	600150	中国船舶	22.5	0.0	28.3	39.3	13.6
146	600637	东方明珠	22.5	12.5	31.7	37.5	0.0
146	002058	威尔泰	22.5	0.0	43.3	23.2	13.6
151	300226	上海钢联	22.0	0.0	38.3	23.2	18.2
151	002451	摩恩电气	22.0	0.0	45.0	16.1	18.2
151	600088	中视传媒	22.0	12.5	20.0	48.2	0.0
151	600846	同济科技	22.0	0.0	41.7	19.6	18.2
155	600097	开创国际	21.5	0.0	30.0	44.6	0.0
155	002454	松芝股份	21.5	0.0	30.0	44.6	0.0
155	600641	万业企业	21.5	12.5	20.0	46.4	0.0
155	603108	润达医疗	21.5	10.0	46.7	19.6	0.0
155	300171	东富龙	21.5	10.0	30.0	37.5	0.0
160	300129	泰胜风能	21.0	0.0	28.3	30.4	18.2
160	600626	申达股份	21.0	10.0	31.7	33.9	0.0
160	600822	上海物贸	21.0	0.0	28.3	44.6	0.0
163	300061	康耐特	20.5	0.0	46.7	23.2	0.0
163	600652	游久游戏	20.5	0.0	21.7	25.0	31.8
163	600630	龙头股份	20.5	0.0	36.7	23.2	13.6
166	600643	爱建集团	20.0	25.0	10.0	42.9	0.0
166	002022	科华生物	20.0	0.0	40.0	28.6	0.0
166	603022	新通联	20.0	0.0	38.3	5.4	31.8
一星级（★）54家							
169	002605	姚记扑克	19.5	10.0	13.3	37.5	13.6
169	002116	中国海诚	19.5	0.0	23.3	30.4	18.2

续表

排名	证券代码	股票名称	综合得分	责任管理	市场责任	社会责任	环境责任
169	600661	新南洋	19.5	0.0	25.0	42.9	0.0
169	603729	龙韵股份	19.5	0.0	25.0	42.9	0.0
169	600732	*ST新梅	19.5	0.0	20.0	12.5	45.5
169	600490	鹏欣资源	19.5	12.5	33.3	25.0	0.0
175	002506	协鑫集成	19.0	10.0	25.0	23.2	13.6
175	603885	吉祥航空	19.0	0.0	16.7	39.3	13.6
175	600844	丹化科技	19.0	0.0	21.7	19.6	31.8
175	300253	卫宁健康	19.0	0.0	48.3	16.1	0.0
175	300380	安硕信息	19.0	0.0	31.7	33.9	0.0
180	600851	海欣股份	18.5	12.5	25.0	30.4	0.0
180	600612	老凤祥	18.5	0.0	43.3	19.6	0.0
182	600605	汇通能源	18.0	22.5	20.0	16.1	13.6
182	600119	长江投资	18.0	0.0	31.7	30.4	0.0
184	900957	凌云B股	17.5	12.5	25.0	26.8	0.0
184	600621	华鑫股份	17.5	0.0	21.7	39.3	0.0
186	600620	天宸股份	16.5	0.0	20.0	12.5	31.8
186	600754	锦江股份	16.5	0.0	20.0	12.5	31.8
186	601519	大智慧	16.5	0.0	21.7	35.7	0.0
189	300442	普丽盛	16.0	0.0	35.0	19.6	0.0
189	300008	天海防务	16.0	10.0	25.0	8.9	18.2
189	600647	同达创业	16.0	10.0	20.0	14.3	18.2
189	002706	良信电器	16.0	0.0	26.7	14.3	18.2
189	300074	华平股份	16.0	0.0	40.0	14.3	0.0
194	300222	科大智能	15.5	0.0	30.0	23.2	0.0
194	600823	世茂股份	15.5	12.5	20.0	25.0	0.0
194	600692	亚通股份	15.5	0.0	28.3	25.0	0.0
194	600767	运盛医疗	15.5	12.5	25.0	19.6	0.0
194	600675	*ST中企	15.5	0.0	20.0	33.9	0.0
194	600662	强生控股	15.5	0.0	35.0	17.9	0.0
200	002184	海得控制	15.0	0.0	36.7	14.3	0.0
201	600638	新黄浦	14.5	0.0	20.0	30.4	0.0

续表

排名	证券代码	股票名称	综合得分	责任管理	市场责任	社会责任	环境责任
201	300170	汉得信息	14.5	0.0	35.0	14.3	0.0
201	603918	金桥信息	14.5	0.0	38.3	10.7	0.0
204	900939	汇丽 B	14.0	12.5	25.0	14.3	0.0
204	600610	中毅达	14.0	12.5	20.0	19.6	0.0
206	600689	上海三毛	13.5	0.0	26.7	19.6	0.0
206	300126	锐奇股份	13.5	0.0	36.7	8.9	0.0
206	600833	第一医药	13.5	0.0	40.0	5.4	0.0
209	002278	神开股份	13.0	0.0	16.7	28.6	0.0
209	600193	创兴资源	13.0	12.5	20.0	16.1	0.0
209	600695	绿庭投资	13.0	0.0	25.0	19.6	0.0
212	600825	新华传媒	12.5	0.0	23.3	19.6	0.0
213	600818	中路股份	12.0	0.0	35.0	5.4	0.0
214	002346	柘中股份	11.0	0.0	28.3	8.9	0.0
215	002561	徐家汇	10.5	0.0	13.3	23.2	0.0
215	900929	锦旅 B 股	10.5	0.0	23.3	12.5	0.0
217	600615	丰华股份	10.0	12.5	20.0	5.4	0.0
218	000668	荣丰控股	9.5	0.0	23.3	8.9	0.0
219	600640	号百控股	8.0	5.0	5.0	19.6	0.0
220	600650	锦江投资	7.5	0.0	20.0	5.4	0.0
220	600696	匹凸匹	7.5	0.0	20.0	5.4	0.0
222	600838	上海九百	4.5	0.0	10.0	5.4	0.0

第三章

上海上市公司社会责任发展指数阶段性特征（2016）

一、2016 年上海上市公司社会责任发展指数得分为 33.7 分，整体达到二星级水平，近三成企业仍在"旁观者"阶段

2016 年，上海上市公司社会责任发展指数平均得分为 33.7 分，与上年相比提升 10.9 分，整体达到二星级水平、处于起步者阶段。从图 3-1 可以明显地看出，2016 年上海上市公司社会责任发展较 2015 年有较大提升，一星级企业数量明显下降，而二星级、三星级、四星级、五星级企业数量普遍在增加。其中，二星级企业增长了一半（54 家），三星级企业增长了 8 家，四星级企业增长了 11 家，五星级企业由 0 家增长为 6 家。

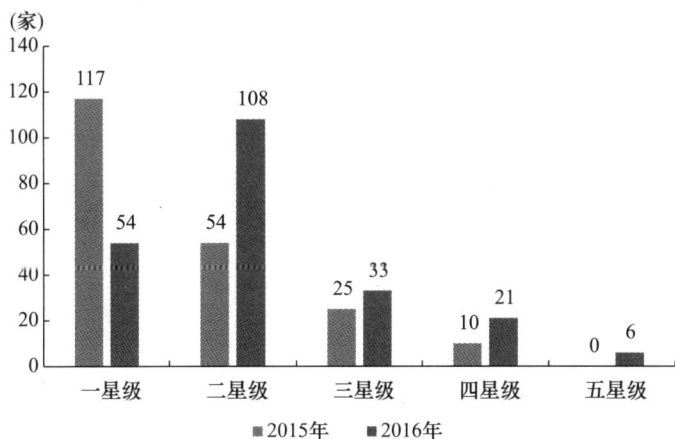

图 3-1　2015~2016 年上海上市公司社会责任发展指数星级分布

具体来看，环旭电子（601231）（92.5分）、复星医药（600196）（92.0分）、海立股份（600619）（88.5分）、中国联通（600050）（84.5分）、上海石化（600688）（81.0分）、浦发银行（600000）（80.0分）6家企业（占比2.7%）的社会责任发展指数达五星级，处于卓越者阶段，其中环旭电子、复星医药以超过90分的成绩位居第一、第二；上港集团（600018）（79.5分）、中海发展（600026）（77.0分）、上汽集团（600104）（77.0分）、宝钢股份（600019）（76.0分）、上海电力（600021）（74.5分）等21家企业（占比9.5%）社会责任发展指数达到四星级水平，处于领先者阶段；浦东金桥（600639）（59.5分）、上海医药（601607）（59.5分）、上海能源（600508）（59.0分）等33家企业（占14.9%）的社会责任发展指数达到三星级水平，处于追赶者阶段；社会责任发展指数为二星级水平企业有108家（占48.6%）；54家企业（占24.3%）社会责任发展指数得分不足20分，达到一星级水平，处于旁观者阶段。可见，上海上市公司在社会责任管理体系建设和社会/环境信息披露方面还存在较大差距，整体水平偏低，部分企业存在责任战略不明晰、相关制度待完善、与利益相关方信息沟通机制尚未建立等问题，上海上市公司在社会责任工作方面亟须加强。

二、从社会责任各板块来看，责任实践指数（36.2分）领先于责任管理指数（19.6分），社会责任表现（42.8分）略高于市场责任（40.7分），领先于环境责任（25.2分）

从上海上市公司社会责任各板块得分看，各板块得分普遍较低。其中，责任管理得分仅为19.6分，为一星级水平；责任实践①得分为36.2分，达到二星级水平，责任管理落后于责任实践。市场责任、社会责任和环境责任共同构成了责任实践的三个面向，只有三者全面、协调，才能实现企业的可持续发展。

虽然得分整体较低，但从图3-2可以明显看出，上海上市公司2016年

---

① 责任实践指数是市场责任指数、社会责任指数和环境责任指数的均值。

社会责任各板块较 2015 年都有一定程度的提升。其中，社会责任增幅最大，提升了 16.2 分；责任实践其次，提升了 12.1 分；环境责任次之，提升了 10.5 分；市场责任和责任管理分别提升了 9.6 分和 5.6 分。

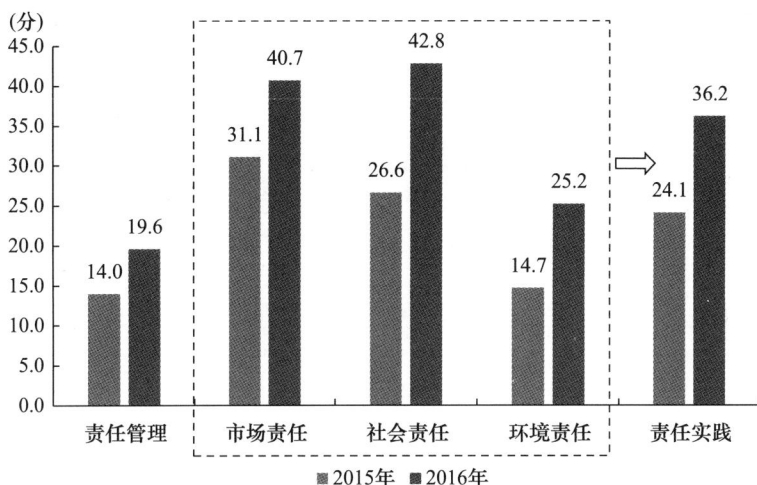

图 3 - 2　2015～2016 年上海上市公司社会责任发展指数各板块得分

研究发现，上海上市公司社会责任、市场责任得分相对较高，分别为 42.8 分及 40.7 分，好于环境责任（25.2 分）。究其原因，一方面大部分企业仍然认为对社会负责的主要方式是慈善捐助，也更愿意通过公益宣传提升企业的美誉度，所以在社会公益方面的数据披露情况相对较好；另一方面受益于传统财务数据报告披露和会计制度影响，日常数据统计较规范，对客户责任、股东责任等相关市场信息披露较为充分；相反，环境责任指数得分较低，既反映出企业对环境信息披露重视程度不够，也说明随着社会责任内涵不断发展，增加了企业披露相关信息的难度。

三、从责任议题来看，2016 年上海上市公司社会责任议题表现差异明显，其中科技创新、股东权益等议题表现突出，而责任治理与供应链管理等议题表现较差

从上海上市公司社会责任各项议题得分来看，科技创新（55.4 分）、股东权益(54.3分)、社区关系/公益慈善(47.3分)、依法经营(46.6分)表现较好,达到三星级水平,处于追赶者阶段;与上年相比,企业公益慈善与依法经营议题得分均有所提升。可见,在从严治企的氛围下,2016年企业更愿意披露依法纳税、守法合规的相关信息;员工关爱、责任沟通、客户服务、环境责任、利益相关方参与议题得分分别为35.2分、34.5分、32.2分、25.2分、24.5分,达到二星级水平,处于起步者阶段;而供应链管理、责任治理得分不足20分,表现较差。可见,上海市上市公司倾向于披露科技创新、公益慈善及财务类数据信息,以维持良好的市场形象和投资者关系,但在环境保护、责任管理、供应链管理等方面的信息披露相对不足,有较大的提升空间。

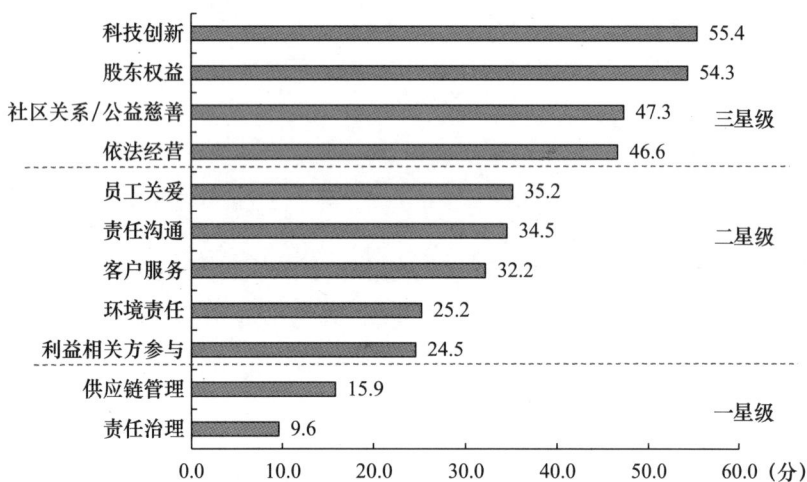

图3-3 上海市上市公司社会责任议题得分

四、从各行业社会责任发展指数来看,行业间得分差异较大,其中,金融业和医药生物业表现相对较好,为三星级水平;而教育、住宿和餐饮业等表现相对较差,不足20分

上海上市公司行业分布较广,共涉及23个行业,从各行业的表现看,差异较大。其中,金融业,医药生物业,电力、热力、燃气及水生产和供应业、食品业、石油化工类 5 个行业达到三星级水平；电子类、采矿业、建筑业等 16 个行业达二星级水平，表现相对较差；教育、住宿和餐饮业得分不足 20 分，为一星级水平，社会责任信息披露水平亟待提升。

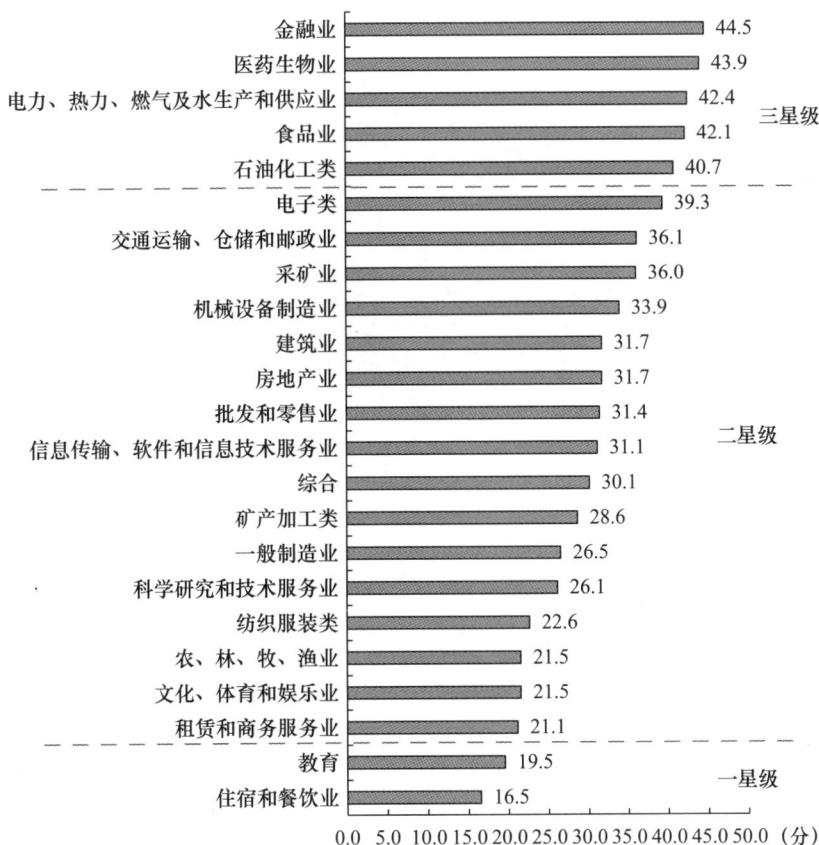

图 3-4　各行业社会责任发展指数及发展阶段

五、从社会责任信息披露来看，超 3 成企业发布社会责任报告，不足四成企业官网设置社会责任专栏

责任沟通是社会责任管理的一个重要方面。发布社会责任报告与官方网站上设置社会责任专栏是上市公司披露社会责任信息的主要平台和渠道。

从上海市上市公司责任沟通来看，77 家（占比 34.7%）样本企业发布了独立的社会责任报告，较 2015 年增加了 9 家；60 家样本企业在年报中附有社会责任信息（占比 27.0%）；78 家（占比 35.1%）样本企业设置了社会责任专栏，较 2015 年增长了 18 家，如图 3 - 5、3 - 6 所示。

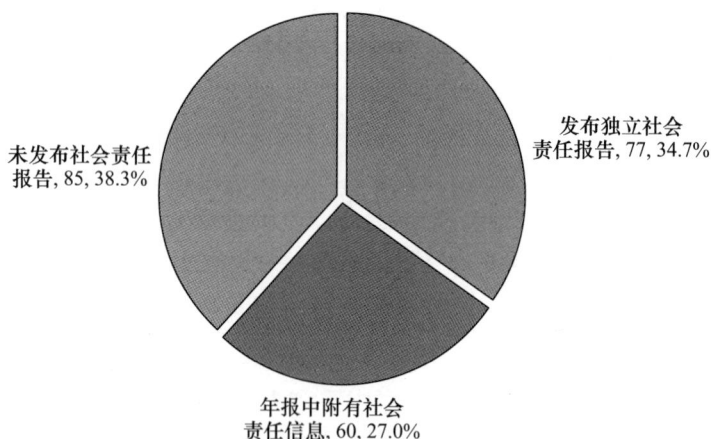

图 3 - 5　上海上市公司社会责任报告发布情况

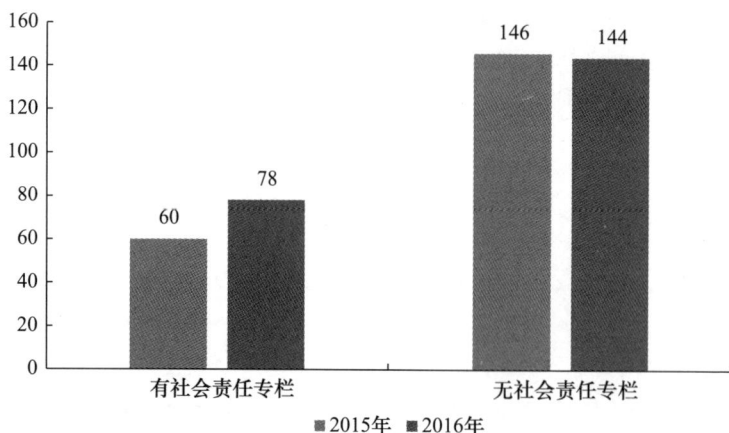

图 3 - 6　2015～2016 年上海上市公司社会责任专栏设置情况

行业篇
热点行业社会责任发展指数
（2016）

本报告选取了 6 个社会关注度高，对经济、社会、环境影响力大的行业进行重点分析，通过探究各行业中重点企业的社会责任发展指数，以反映行业社会责任管理水平与社会责任信息披露水平。选取的 6 个热点行业及其企业构成如表 1 所示。

表 1　热点行业企业构成及社会责任报告发布情况（2016）

单位：家，%

序号	行业名称	样本企业数	报告发布比例
1	医药生物业	10	40.0
2	食品业	5	40.0
3	金融业	12	83.3
4	信息传输、软件和信息技术服务业	18	27.8
5	房地产业	19	36.8
6	交通运输、仓储和邮政业	16	37.5

对 6 个重点行业的样本企业的社会责任进行系统评价得出，金融业、医药生物业、食品业社会责任发展指数得分最高，分别为 44.5 分、43.9 分及 42.1 分，达三星级水平，处于追赶者阶段；交通运输、仓储和邮政业，房地产业及信息传输、软件和信息技术服务业 3 个行业的社会责任发展指数

得分在 30～40 分，达到二星级水平，处于起步者阶段，社会责任管理与信息披露水平较低，如图 1 所示。

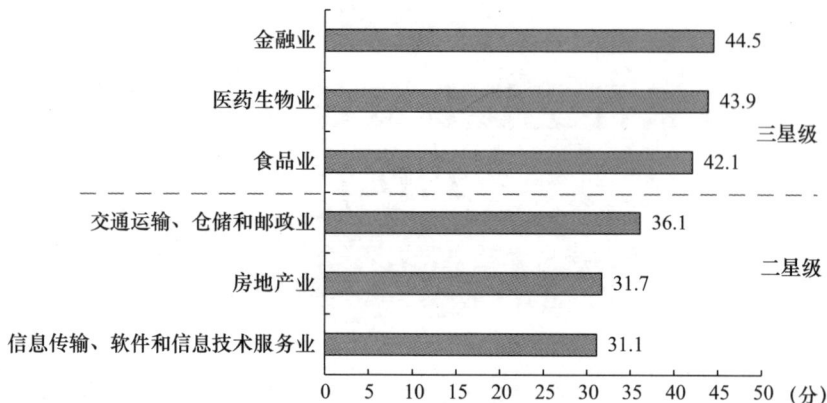

图1　热点行业社会责任发展指数及发展阶段

|第四章||

金融业社会责任发展指数（2016）

一、评价结果

本节评价的金融业指提供金融服务、金融产品的行业，主要包括三大类：银行业、信托业、保险及基金产品管理。金融业12家样本企业的社会责任发展指数排名及得分如表4-1所示。

表4-1 金融业社会责任发展指数（2016）　　　　单位：分

排名	企业名称	是否发布企业社会责任报告	官网是否设置社会责任专栏	社会责任发展指数
★★★★★（1家）				
1	上海浦东发展银行股份有限公司	有	有	80.0
★★★★（3家）				
2	交通银行股份有限公司	有	有	71.0
3	东方证券股份有限公司	有	有	65.0
4	中国太平洋保险（集团）股份有限公司	有	有	63.0
★★★（1家）				
5	安信信托股份有限公司	有	有	44.0
★★（6家）				
6	国投安信股份有限公司	无	无	38.5
7	海通证券股份有限公司	有	无	37.5
8	东方财富信息股份有限公司	有	无	37.0
9	国泰君安证券股份有限公司	有	无	33.0
10	光大证券股份有限公司	有	有	32.0
11	上海爱建集团股份有限公司	有	有	20.0
★（1家）				
12	上海绿庭投资控股集团股份有限公司	无	无	13.0

二、阶段性特征

(一) 金融业社会责任发展指数平均分为 44.5 分,样本企业间社会责任指数得分差异较大,总体处于三星级水平

金融行业企业社会责任发展指数平均得分为 44.5 分,整体为三星级,处于追赶阶段,在评价的 6 个行业中排名第一。12 家样本企业中,上海浦东发展银行股份有限公司以 80.0 分位居第一,为五星级水平。交通银行股份有限公司、东方证券股份有限公司及中国太平洋保险(集团)股份有限公司均为四星级水平,社会责任指数得分分别为 71.0 分、65.0 分及 63.0 分。上海绿庭投资控股集团股份有限公司(13.0 分)2015 年剥离传统食品业务,逐渐转型私募投资基金管理,业务转型期在信息披露方面稍显不足(见图 4 - 1)。金融业是与国家经济安全以及人民财产安全休戚相关的行业,在保证信息公开、资产保值增值等方面具有重大的责任,金融业企业应提升相关信息的透明度,从而保障公民的投资理财安全。

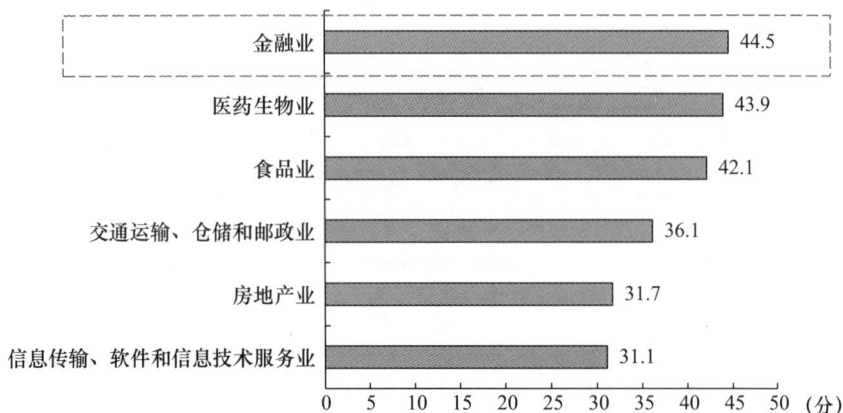

行业	得分
金融业	44.5
医药生物业	43.9
食品业	42.1
交通运输、仓储和邮政业	36.1
房地产业	31.7
信息传输、软件和信息技术服务业	31.1

图 4 - 1 金融业社会责任发展阶段与排名

(二) 金融业责任实践略优于责任管理,社会责任表现最佳;更注重责任沟通、股东权益和公益慈善,在供应链管理方面表现欠佳

如表 4 - 2 所示,对比责任管理与责任实践,可以看出责任实践(44.1 分)略高于责任管理(42.7 分),可见金融业更注重于社会责任活动的开展，在社会责任组织架构、管理制度完善以及责任规划方面布局略显不足。就责任实践而言，社会责任（59.5分）表现优于市场责任（40.7分）及环境责任（32.2分），体现出金融业注重对外传播，有意识通过公益捐赠等行为提升企业美誉度。

表4-2　金融业责任议题得分情况　　　　　单位：分

责任板块	责任议题	行业平均分	行业最高分	最佳实践
责任管理 （42.7）	责任战略与治理	30.4	100.0	中国太保、浦发银行
	利益相关方参与	33.3	100.0	中国太保、浦发银行、东方证券
	责任沟通	76.7	100.0	中国太保、浦发银行、东方证券、交通银行、安信信托、爱建集团、光大证券、东方财富
市场责任 （40.7）	股东权益	68.3	100.0	浦发银行、东方证券、安信信托
	供应链管理	20.0	80.0	浦发银行
	客户服务	33.3	80.0	中国太保
	科技创新	20.8	70.0	东方财富
社会责任 （59.5）	依法经营	62.5	100.0	东方财富、中国太保、浦发银行、国投安信、交通银行、东方证券
	员工关爱	52.1	90.0	东方证券
	公益慈善	64.1	100.0	东方证券
环境责任 （32.2）	环境责任	32.2	72.7	交通银行

从议题角度看，金融业在责任沟通（76.7分）方面信息披露最充分，达五星级水平，在股东权益（68.3分）、公益慈善（64.1分）及依法经营（62.5分）方面信息披露水平相对较高，在供应链管理（20.0分）方面信息披露不足。可见，金融业企业注重与政府、投资者、客户等利益相关方沟通，并在合规性、品牌提升等方面相对比较重视，但在推动供应链履责、环境保护等方面的信息披露不足。

三、最佳实践

对标社会责任发展指数排名靠前的金融企业，可以看出，金融行业信息披露的重点集中于以下方面。

（一）绿色信贷

作为最早开展绿色信贷业务的银行之一，浦发银行树立了"持续开展绿色金融创新，建设低碳银行"的战略目标，依托"五大板块、十大创新产品"，建立起中国银行业最全的、覆盖低碳产业链上下游的绿色信贷产品和服务体系（见图 4 - 2）。浦发银行在《2015 年公司业务投向政策》中，对防范和控制社会、环境风险做出了详细的要求，并明确了绿色信贷业务的重点拓展领域为环保、合同能源管理、建筑节能、碳金融及太阳能光伏发电五大领域。

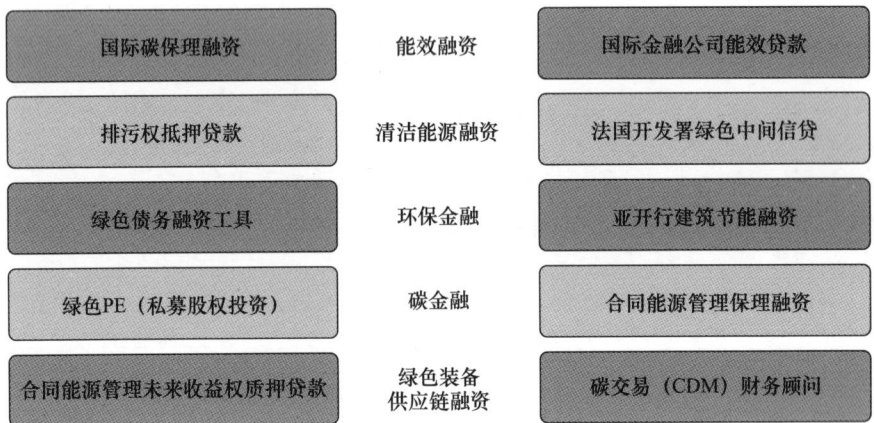

国际碳保理融资	能效融资	国际金融公司能效贷款
排污权抵押贷款	清洁能源融资	法国开发署绿色中间信贷
绿色债务融资工具	环保金融	亚开行建筑节能融资
绿色PE（私募股权投资）	碳金融	合同能源管理保理融资
合同能源管理未来收益权质押贷款	绿色装备供应链融资	碳交易（CDM）财务顾问

绿色金融"五大板块、十大创新产品"

图 4 - 2 浦发银行绿色金融体系

（二）提升风险管控能力

中国太平洋保险（集团）股份有限公司密切关注资本市场波动以及业务发展对公司偿付能力的影响，不断完善全面风险管理体系，加强对大类风险的识别和管理；作为防范和化解风险的重要端口，中国太平洋保险公司不断强化以风险为导向的审计理念，对高风险领域累计开展 160 余项专项调研，多方面提高审计力度；通过结合传统审计方式与现代远程技术，实现了风险防范关口的有效前移。5 年来，集团未发生重大经济违法犯罪案件，亿元保费客户投诉率低于全国平均水平。

第五章

医药生物行业社会责任发展指数（2016）

一、评价结果

本节评价的医药生物行业可分为医药制造和药品流通两个产业环节。医药生物行业 10 家样本企业的社会责任发展指数排名及得分如表 5 - 1 所示。

表 5 - 1 医药生物行业社会责任发展指数（2016） 单位：分

排名	企业名称	是否发布企业社会责任报告	官网是否设置社会责任专栏	社会责任发展指数
★★★★★（1家）				
1	上海复星医药（集团）股份有限公司	有	有	92.0
★★★★（1家）				
2	上海现代制药股份有限公司	有	有	72.0
★★★（2家）				
3	上海医药集团股份有限公司	有	有	59.5
4	上海海利生物技术股份有限公司	无	无	42.0
★★（6家）				
5	上海凯宝药业股份有限公司	有	无	35.0
6	上海交大昂立股份有限公司	无	无	34.0
7	上海莱士血液制品股份有限公司	无	无	32.0
8	上海神奇制药投资管理股份有限公司	无	有	29.0
9	上海凯利泰医疗科技股份有限公司	无	无	23.0
10	上海科华生物工程股份有限公司	无	无	20.0

二、阶段性特征

（一）医药生物行业社会责任发展指数为 **43.9 分**，总体处于三星级水平

医药生物行业社会责任发展指数平均得分为 43.9 分，整体为三星级，处于追赶者阶段（见图 5 – 1）。在评价的 6 个行业中，排名第二。

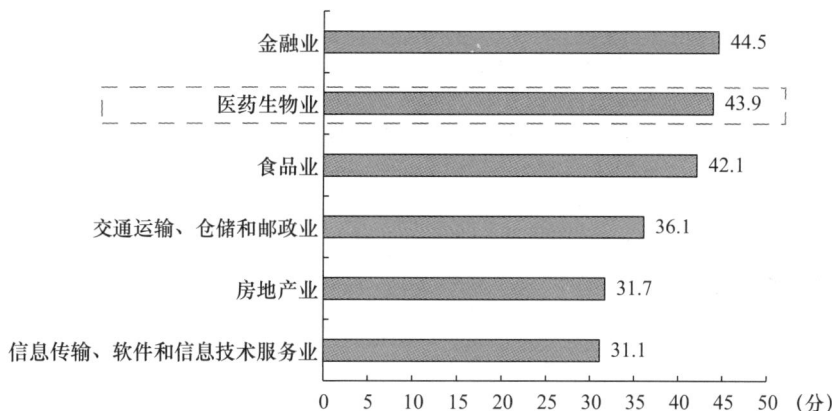

图 5 – 1　医药行业社会责任发展阶段与排名

10 家样本企业社会责任发展指数均在二星级及以上，其中，五星级和四星级企业均有 1 家，分别为上海复星医药（集团）股份有限公司（92.0 分）和上海现代制药股份有限公司（72.0 分）；三星级企业 2 家，分别为上海医药集团股份有限公司（59.5 分）和上海海利生物技术股份有限公司（42.0分）；二星级企业 6 家。

从信息披露情况看，10 家样本企业中，发布企业社会责任报告、在官方网站设置社会责任/可持续发展专栏的各有 4 家企业，其中，复星医药、现代制药和上海医药 3 家企业既发布了社会责任报告，也设置了社会责任专栏，信息披露表现良好。

医药生物行业对于保护和增进人民健康、提高生活质量、促进经济发展和社会进步均具有十分重要的作用。从目前看，医药生物行业社会责任信息披露水平仍有较大的提升空间。医药生物行业应强化意识，注重药品质量与

安全，提升科技创新能力，加强信息披露工作。

（二）医药生物行业责任实践表现优于责任管理，在责任实践方面，社会责任与市场责任方面的表现优于环境责任

如表5-2所示，对比责任管理与责任实践，医药生物行业的责任实践（45.7分）表现得分高于责任管理（32.3分），其中，社会责任战略与治理（27.0分）议题表现欠佳，可见生物医药业企业更注重社会责任活动的开展，而对社会责任工作的顶层设计相对欠缺。

表5-2 医药生物行业议题得分情况 单位：分

责任板块	责任议题	行业平均分	行业最高分	最佳实践
责任管理 （32.3）	责任战略与治理	27.0	100.0	上海医药
	利益相关方参与	35.0	100.0	复星医药、上海医药、现代制药
	责任沟通	40.0	100.0	复星医药、上海医药、现代制药
市场责任 （49.3）	股东权益	58.0	100.0	复星医药
	供应链管理	18.0	40.0	复星医药、现代制药
	客户服务	38.0	100.0	复星医药
	科技创新	86.0	100.0	复星医药、现代制药、海利生物 上海凯宝、上海莱士、科华生物 凯利泰
社会责任 （55.0）	依法经营	55.0	100.0	复星医药、现代制药、交大昂立
	员工关爱	46.5	90.0	复星医药
	公益慈善	61.5	100.0	复星医药、现代制药
环境责任 （32.7）	环境责任	32.7	90.9	复星医药

就责任实践而言，社会责任（55.0分）和市场责任（49.3分）优于环境责任（32.7分），体现出医药生物行业企业在公益慈善、社区关系和经营业绩等方面的信息披露率高于在环境保护方面的信息披露率。

从议题角度看，医药生物行业企业对科技创新（86.0分）议题的信息披露表现优秀，在公益慈善（61.5分）、股东权益（58.0分）和依法经营（55.0分）等方面的信息披露水平较高，可见，医药生物行业企业高度重视医药产品的研发及创新能力的提升，重视品牌美誉度和投资者权益的维护。相对而言，医药生物行业企业在供应链管理（18.0 分）议题上的表现欠佳。

三、最佳实践

对标社会责任指数排名靠前的企业，可以看出，医药生物行业企业的信息披露重点集中于以下方面。

（一）强化研发创新

"伟大的公司，必要有伟大的梦想"，上海医药集团加强研发创新，破解医药难题。由上海医药旗下上海市药材有限公司（以下简称"上药药材"）与中国医学科学院药物研究所、中国中药公司、山东宏济堂制药集团有限公司和北京联馨药业有限公司等单位共同合作完成的《人工麝香研制及其产业化》获"2015 国家科技进步一等奖"（见图 5 - 2）。该项目首次系统地阐明了天然麝香的主要化学成分及其相对含量；首次应用 16 种药理学动物模型证实了天然麝香具有广泛的药理作用，用现代药理学方法诠释了天然麝香的科学内涵；发现并创制了天然麝香中主要药效物质的替代品，证明了替代品应用的安全性、有效性和可替代性；创新提出人工麝香组方策略，成功研制出人工麝香；确定了人工麝香生产工艺条件和关键技术参数，成功实现人工麝香规模化生产。

图 5 - 2　上海医药集团荣获 2015 年度国家科技进步一等奖

人工麝香的研制成功及规模化生产,从根本上缓解了天然麝香长期不敷药用、供不应求的局面,是我国中药新药和珍稀动物药材替代品开发上取得的重大科技成果和中药研究领域的重大突破。

(二) 药品质量与安全

质量安全是复星医药集团刻在岩石上的不变目标。从新药研发、原料采购、药品与医疗产品制造、销售到医疗服务,复星医药集团不断地改进技术、改善生产工艺流程,延长药品生命周期、降低成本,为民众提供更为安全、便利、有效的药品。复星医药集团持续规范和提升制药企业质量管理体系,严格接受国内外官方检查,并顺利通过;推进质量体系认证,集团已有 13 个原料药通过美国 FDA、欧盟、日本厚生省和德国卫生局等国家卫生部门 GMP 认证;不断提升质量管理水平,仅 2015 年就颁布了十部和质量手册配套的指南文件,为成员企业质量改进提供技术指南。如图 5 - 3 所示。

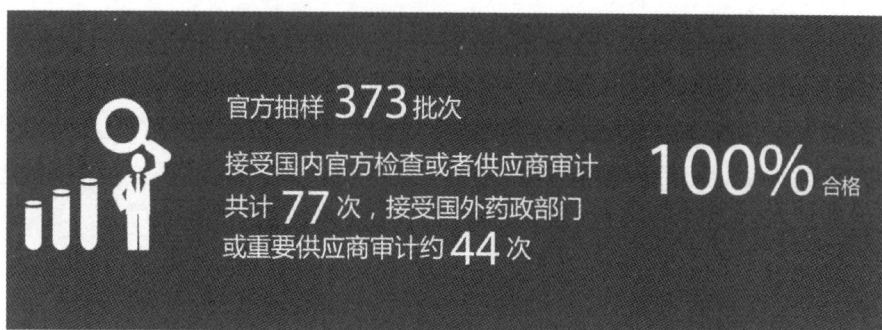

官方抽样 **373** 批次

接受国内官方检查或者供应商审计共计 **77** 次,接受国外药政部门或重要供应商审计约 **44** 次

100% 合格

图 5 - 3　复星医药集团接受监管部门检查情况

(三) 倡导合理用药

为持续增强公众对药品及药品使用的科学认识,2015 年,上海医药成为"上海市合理用药宣传教育活动"全面支持单位。整个活动将开展各类用药培训、加强用药监测预警、加大药学人才培养、建立上下协作机制、成立临床药学志愿服务队、强化院内宣传指导、深入社区基层互动、采编科普知识文章,以推动进一步完善医疗机构药事管理工作,加强对公众合理用药宣传,

提升全社会科学、规范、合理、安全的用药水平。同时，各子公司也结合企业自身特点，从社区需求出发，通过举办社区健康讲座或邀请市民参观等方式，持续开展健康教育活动。如图5-4所示。

国风健康行：市民参观上药国风的中药展厅。
截至目前，健康行活动已组织300余场次，3万余名市民朋友走进国风，实地感受国药文化魅力

科普志愿行：上药第一生化邀请中学生参观公司科普教育基地

药师咨询、便民服务：华氏大药房定期为老年人提供血压检测，用药咨询、健康咨询等咨询服务

百万市民看浦东、看信谊：上药信谊此项活动迄今已坚持16年，受到广大市民好评

图5-4　上海医药合理用药宣传教育活动

（四）提升客户服务

现代制药非常注重与客户的关系，积极统筹国际和国内两个市场，提高售后服务质量，与客户建立起长期稳定的合作关系，努力实现与客户的合作共赢，提升企业的行业地位和形象。公司通过与客户互访沟通、满意度调查等多种渠道征集客户意见，了解客户的质量需求，及时反馈，用优质的产品和真诚的服务满足客户需要，维护了客户的利益，努力使自身成为客户最佳的供应商。同时，公司非常注重客户的隐私保护，秉持"客户就是上帝"的宗旨，采取措施保护客户和消费者信息安全，防止信息泄露和滥用。

第六章

食品行业社会责任发展指数（2016）

一、评价结果

本节评价的食品行业是指从事食品和饮料加工生产的行业，主要包括三大类：农副食品加工、食品制造、酒精和饮料酒制造。食品行业 5 家样本企业的社会责任发展指数排名及得分如表 6 - 1 所示。

表 6 - 1　食品行业社会责任发展指数（2016）　　　　单位：分

排名	企业名称	是否发布企业社会责任报告	官网是否设置社会责任专栏	社会责任发展指数
★★★★（1 家）				
1	上海金枫酒业股份有限公司	有	有	63.0
★★★（2 家）				
2	光明乳业股份有限公司	有	有	57.5
3	爱普香料集团股份有限公司	无	有	39.0
★★（2 家）				
4	上海百润投资控股集团股份有限公司	无	无	27.0
5	上海梅林正广和股份有限公司	无	无	24.0

二、阶段性特征

（一）食品行业社会责任发展指数平均分为 42.1 分，样本企业间社会责任指数得分差异较大，总体处于三星级水平

食品企业社会责任发展指数平均得分为 42.1 分，整体为三星级，处于追

赶阶段，在评价的6个行业中排第三。5家样本企业中，上海金枫酒业股份有限公司以63.0分位居第一，为四星级水平。除上海金枫酒业股份有限公司之外，光明乳业股份有限公司也发布独立社会责任报告，以57.5分位居第二，处于三星级水平（见图6-1）。食品行业是与消费者密切相关的行业，定期披露食品安全信息对于打破消费者与食品企业之间的信息壁垒，解决因信息不对称引起的食品安全问题具有重要意义。

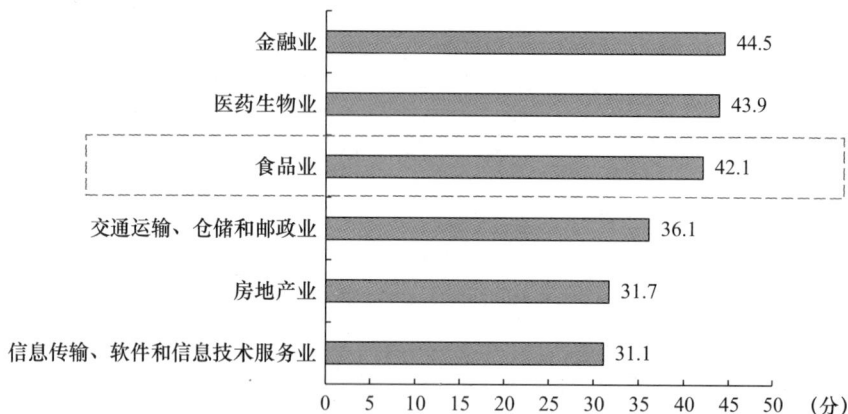

图6-1　食品行业社会责任发展阶段与排名

（二）食品行业责任实践优于责任管理，社会责任表现最佳；更注重科技创新、依法经营、公益慈善等议题，在供应链管理方面表现欠佳

表6-2　食品行业责任议题得分情况　　　　　　　　单位：分

责任板块	责任议题	行业平均分	行业最高分	最佳实践
责任管理 （18.0）	责任战略与治理	2.0	10.0	光明乳业
	利益相关方参与	20.0	50.0	金枫酒业、光明乳业
	责任沟通	48.0	100.0	金枫酒业、光明乳业
市场责任 （49.0）	股东权益	42.0	60.0	金枫酒业、光明乳业 百润股份
	供应链管理	4.0	20.0	百润股份
	客户服务	60.0	90.0	金枫酒业
	科技创新	86.0	100.0	金枫酒业、光明乳业 百润股份、爱普股份

续表

责任板块	责任议题	行业平均分	行业最高分	最佳实践
社会责任 （54.3）	依法经营	70.0	100.0	金枫酒业、爱普股份 上海梅林
	员工关爱	37.0	65.0	金枫酒业
	公益慈善	61.5	100.0	光明乳业
环境责任 （39.1）	环境责任	39.1	59.1	金枫酒业

如表6－2所示，对比责任管理与责任实践，可以看出，责任实践（47.5分）高于责任管理（18.0分），其中责任战略与治理（2.0分）议题表现最差，可见食品企业更注重于社会责任活动的开展，对于社会责任工作顶层设计的思考相对欠缺。就责任实践而言，社会责任（54.3分）表现优于市场责任（49.0分）及环境责任（39.1分），体现出食品企业在公益慈善方面的信息披露率高于环境保护、财务类数据等方面的信息披露率。

从议题角度看，食品企业在科技创新（86.0分）方面信息披露最充分，达五星级水平，在依法经营（70.0分）、公益慈善（61.5分）及客户服务（60.0分）方面信息披露水平相对较高，在供应链管理（4.0分）、责任战略与治理（2.0分）信息披露不足（见表6－2）。可见，食品企业重视食品科研能力的提升。另外，由于具有上市公司的属性，在守法合规方面信息披露情况理想，但在社会责任规划及推动供应链履责方面的信息披露不足。

三、最佳实践

对标社会责任发展指数排名靠前的食品企业，可以看出，食品行业信息披露的重点集中于以下方面。

（一）全产业链管控

以"预防为主，风险管理、全程控制、社会共治"为理念，以产品为中心，光明乳业通过全产业链的管控，建立可追溯＋系统，通过闭环管理，追求产品质量的零缺陷。在全产业链质量控制的打造过程中，光明乳业力图使研发、生产、销售及奶牛养殖各环节始终保持紧密联系，光明乳业建立了三大系统：预防系统、评估系统、改善系统，从产品标准制定、产品质量评价、产品质量改善三个方面紧密控制产品质量，如图 6－2 所示。

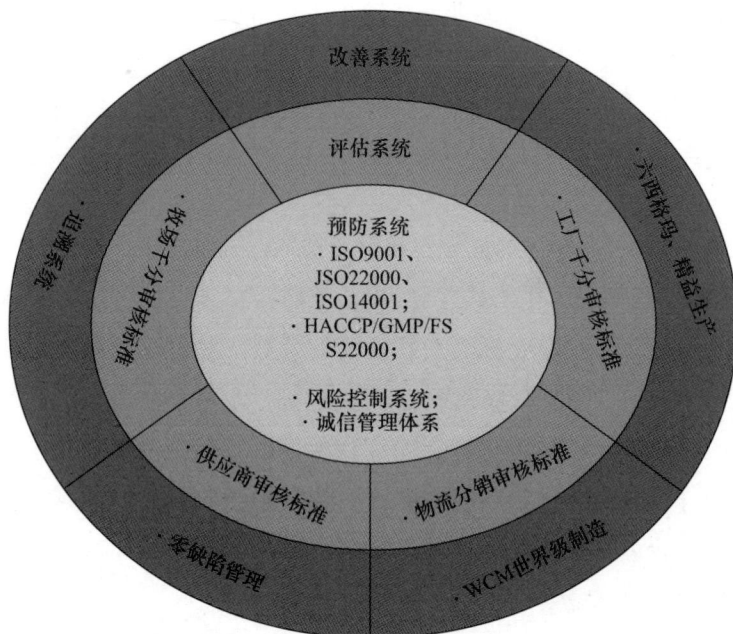

图6－2　光明乳业食品安全保障系统

（二）提升食品研发能力

"创新品质成就卓越价值"，金枫酒业一直以来坚持"科技金枫"之路，加大对科研、技术的投入，通过产学研结合来保持公司技术不断提高。2015年，公司围绕企业在 2012～2014 年开展的科技创新投入、关键核心技术、自主创新能力等内容进一步开展科技研发工作。2015 年，公司获批发明专利1项，提交专利申请3 份，院士工作站研究项目验收 2 项，发表多篇行业学术论文。此外，公司还结合内外部科研资源完成多项研究项目开发及标准制定。

第七章

交通运输、仓储和邮政业社会责任发展指数（2016）

一、评价结果

本节评价的交通运输、仓储和邮政业包括交通运输业、仓储业和邮政业三大类。交通运输、仓储和邮政行业 16 家样本企业的社会责任发展指数排名及得分如表 7-1 所示。

表 7-1 交通运输、仓储和邮政业社会责任发展指数（2016） 单位：分

排名	企业名称	是否发布企业社会责任报告	官网是否设置社会责任专栏	社会责任发展指数
★★★★（3家）				
1	上海国际港务（集团）股份有限公司	有	有	79.5
2	中海发展股份有限公司	有	有	77.0
3	中国东方航空集团公司	有	有	70.5
★★★（3家）				
4	大众交通（集团）股份有限公司	有	有	46.0
5	上海国际机场股份有限公司	无	有	42.0
6	中海集装箱运输股份有限公司	有	有	42.0
★★（5家）				
7	招商局能源运输股份有限公司	无	有	32.5
8	春秋航空股份有限公司	无	无	31.5
9	上海申通地铁股份有限公司	有	有	29.5

续表

排名	企业名称	是否发布企业社会责任报告	官网是否设置社会责任专栏	社会责任发展指数
★★（5家）				
10	上海交运集团股份有限公司	无	无	28.0
11	港中旅华贸国际物流股份有限公司	无	有	23.5
★（5家）				
12	上海吉祥航空股份有限公司	无	无	19.0
13	长发集团长江投资实业股份有限公司	无	无	18.0
14	上海亚通股份有限公司	无	无	15.5
14	上海强生控股股份有限公司	无	无	15.5
16	上海锦江国际实业投资股份有限公司	无	无	7.5

二、阶段性特征

（一）交通运输、仓储和邮政业社会责任发展指数为 36.1 分，总体处于二星级水平

交通运输、仓储和邮政业社会责任发展指数平均得分为 36.1 分，为二星级水平，处于起步阶段（见图 7-1）。在评价的 6 个行业中排名第四。

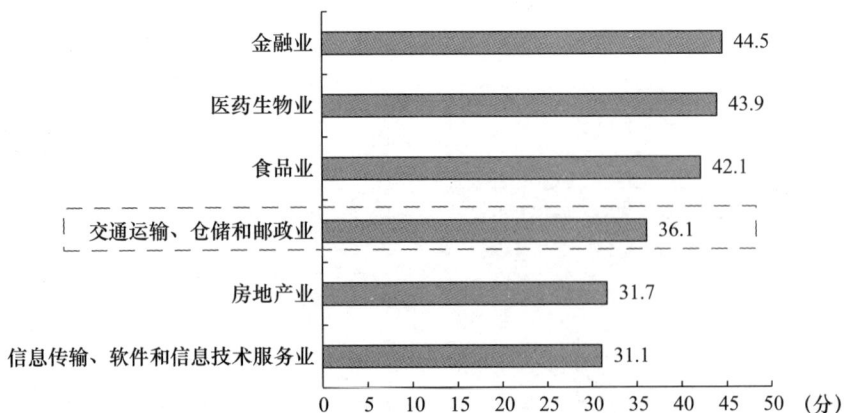

图 7-1 交通运输、仓储和邮政业社会责任发展阶段与排名

16 家样本企业中，有 3 家四星级企业，为上海国际港务（集团）股份有限公司（79.5 分）、中海发展股份有限公司（77.0 分）和中国东方航空集团公司（70.5 分）；三星级企业也有 3 家，分别为大众交通（集团）股份有限公司（46.0 分）和上海国际机场股份有限公司（42.0 分）、中海集装箱运输股份有限公司（42.0 分）；二星级和一星级企业各 5 家。

交通运输、仓储和邮政业与公众的工作生活息息相关，在提供优质服务、保障服务质量等方面责无旁贷。整体上看，目前上海上市公司交通运输、仓储和邮政业企业社会责任信息披露水平有待提高，16 家企业中，发布报告的企业有 6 家（37.5%），设置社会责任/可持续发展专栏的企业有 9 家（56.3%）。未来，交通运输、仓储和邮政业社会责任信息披露水平仍有很大的提升空间，各企业应进一步加强责任意识，提升责任信息披露水平。

（二）交通运输、仓储和邮政业责任实践优于责任管理，社会责任表现最佳；交通运输、仓储和邮政业注重股东权益、公益慈善和责任沟通，在责任战略与治理方面表现欠佳

如表 7-2 所示，对比责任管理与责任实践，可以看出责任实践（38.1 分）得分高于责任管理（25.2 分），其中，责任战略与治理（11.6 分）议题表现欠佳。可见，交通运输、仓储和邮政业更注重社会责任活动的开展，社会责任战略管理布局有待提升。就责任实践而言，社会责任（45.2 分）、市场责任（40.1 分）表现优于环境责任（29.0 分），体现出交通运输、仓储和邮政业在公益慈善和经营业绩等方面的信息披露率高于环境保护的信息披露率。

表 7-2　交通运输、仓储和邮政业责任议题得分情况　　单位：分

责任板块	责任议题	行业平均分	行业最高分	最佳实践
责任管理 （25.2）	责任战略与治理	11.6	85.0	上港集团
	利益相关方参与	31.3	100.0	上港集团、中海发展 东方航空、中海集运
	责任沟通	46.3	100.0	上港集团、中海发展、东方航空 中海集运、大众交通、上海机场 申通地铁

单位：分

责任板块	责任议题	行业平均分	行业最高分	最佳实践
市场责任 （40.1）	股东权益	57.5	100.0	上港集团、中海发展
	供应链管理	18.8	100.0	中海发展、东方航空
	客户服务	36.9	80.0	上港集团、中海发展、东方航空
	科技创新	33.1	70.0	春秋航空、强生控股 长江投资、交运股份
社会责任 （45.2）	依法经营	43.8	100.0	上港集团、东方航空、上海机场
	员工关爱	37.2	75.0	中海发展
	公益慈善	51.9	100.0	大众交通
环境责任 （29.0）	环境责任	29.0	90.9	中海发展

从议题角度看，交通运输、仓储和邮政业在股东权益（57.5 分）、公益慈善（51.9 分）和责任沟通（46.3 分）方面的信息披露水平相对较高。可见，大部分交通运输、仓储和邮政业企业注重保护股东权益，同时注重慈善公益活动，助力社区发展，也较为积极地与利益相关方开展进行沟通交流。责任战略与治理（11.6 分）和供应链管理（18.8 分）议题得分相对较差，交通运输、仓储和邮政业企业，一方面应强化社会责任管理工作，提升责任管理水平；另一方面应注重加强对供应链成员企业的管理，打造责任供应链。

三、最佳实践

综合优秀交通运输、仓储和邮政业企业社会责任信息披露情况可以看出，交通运输、仓储和邮政业企业信息披露的重点集中于客户服务、安全出行和绿色运输等方面。

（一）提升客户服务质量

东方航空秉承"以客为尊、倾心服务"的服务理念，包括服务管理部、地面服务部、客舱服务部和客户服务中心四个部门在内的服务系统负责统筹管理和执行具体的服务工作，同时与客运营销委、运控中心及信息部等部门紧密合作，共同为顾客提供全流程、一体化的服务（见图 7 - 2）。不断提高航班正点率、重视客户沟通反馈、保护客户信息安全、提升客户出行体验，不断了解和满足乘客的期待，不断挖掘和延展服务价值，通过"精准、精细、精致"的品质服务，让乘客享受一场自由自在的旅程，发现世界的精彩。

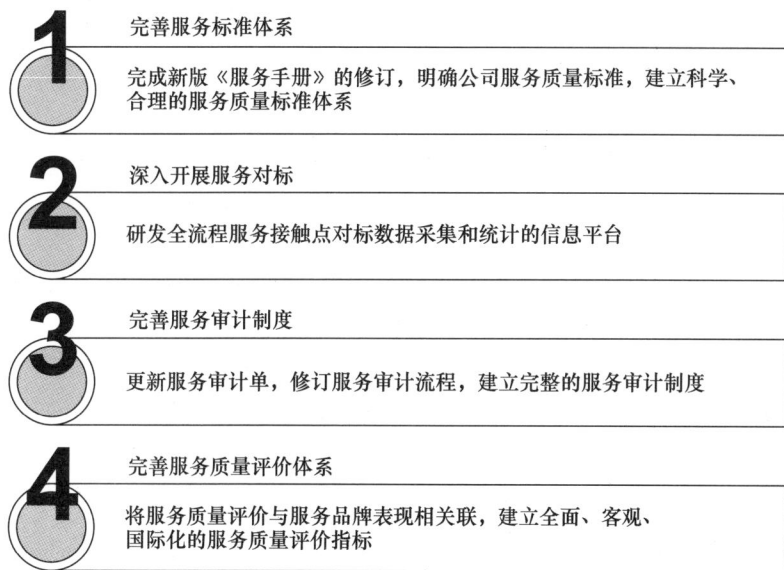

1 完善服务标准体系

完成新版《服务手册》的修订，明确公司服务质量标准，建立科学、合理的服务质量标准体系

2 深入开展服务对标

研发全流程服务接触点对标数据采集和统计的信息平台

3 完善服务审计制度

更新服务审计单，修订服务审计流程，建立完整的服务审计制度

4 完善服务质量评价体系

将服务质量评价与服务品牌表现相关联，建立全面、客观、国际化的服务质量评价指标

图7-2　东方航空客户服务体系

（二）提升安全水平

中海集运始终把安全航行作为船舶"五防"工作的核心，针对集装箱船安全管理特点，认真部署以船舶航行安全为核心的船舶"五防"安全管理工作（见图7-3），进一步加强对船舶安全检查的力度和检查机制，按照"零容忍、严执行、重实效"的检查要求，对重点检查内容进行有针对性的详细检查，达到发现和解决问题的目的。防碰撞工作是中海集运安全管理的核心，在这方面，中海集运不断提升自己的安全管理理念，要求船舶以"人命关天"的高度对待安全航行，利用驾驶台 CCTV 监控值班驾驶员的值班质量，对待违反驾驶台纪律的人和事采取"零容忍"的态度，从而切实提高驾驶员的安全责任心，有效落实公司安全管理体系，保障了公司安全生产总体平稳。

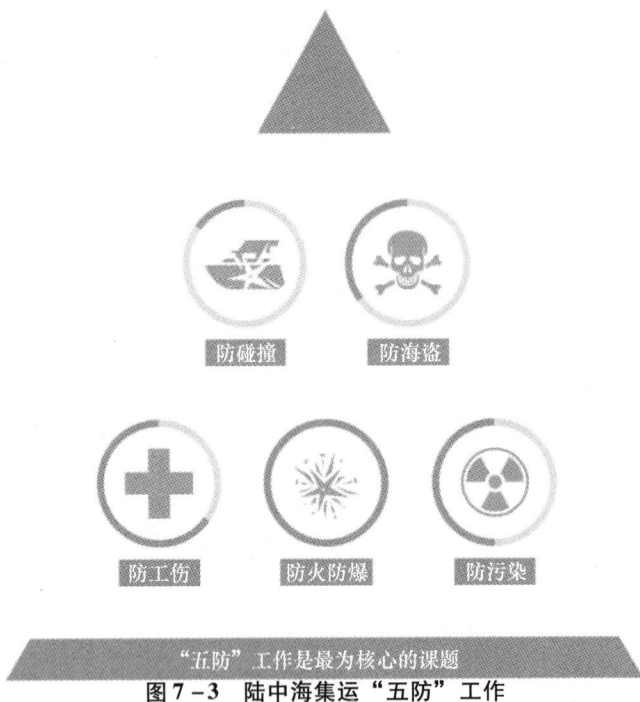

图7-3 陆中海集运"五防"工作

(三) 引领低碳出行

作为大型航运企业,中海发展秉承"做优秀海洋公民"的理念,不断加强环境管理体系,推进船队的规模化、大型化、年轻化、低碳化建设进程,以管理改进和技术提升持续减少企业活动对环境的影响,追求企业绿色、循环、低碳、可持续发展。中海发展抓住国家建设"海洋强国"和"21世纪海上丝绸之路"的战略机遇,加快船队结构调整,同时不断提升管理能力、改进节能技术,减少资源消耗,降低船舶排放。针对航行过程的污染排放威胁海洋环境的问题,中海发展采取有针对性措施,通过推行低速航行、减少污染物排放、节约用水等措施,尽可能地提升资源利用效率,降低船舶航行产生的环境影响,如图7-4所示。

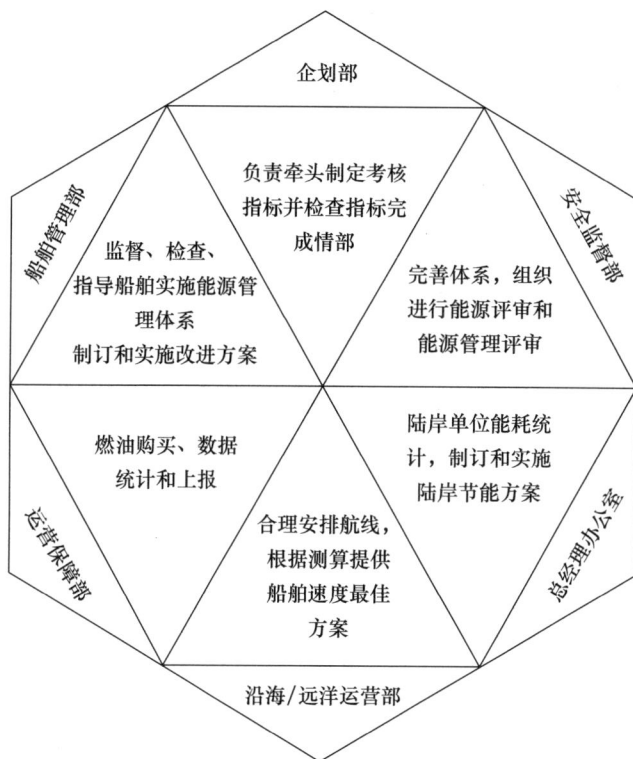

图 7 - 4　中海发展绿色管理体系

第八章

房地产业社会责任发展指数（2016）

一、评价结果

本节评价的房地产业是指从事基础设施建设、房屋建设，并转让房地产开发项目或者销售、出租商品房的行业。房地产行业 19 家样本企业的社会责任发展指数排名及得分如表 8-1 所示。

表 8-1　房地产业社会责任发展指数（2016）　　　　单位：分

排名	企业名称	是否发布企业社会责任报告	官网是否设置社会责任专栏	社会责任发展指数
★★★★（2家）				
1	上海实业发展股份有限公司	有	有	66.0
2	上海陆家嘴金融贸易区开发股份有限公司	有	有	63.5
★★★（4家）				
3	上海金桥出口加工区开发股份有限公司	有	有	59.5
4	上海大名城企业股份有限公司	有	有	53.5
5	华丽家族股份有限公司	有	有	42.5
6	上海市北高新股份有限公司	有	无	40.0
★★（6家）				
7	光明房地产集团股份有限公司	有	有	39.0
8	绿地控股集团股份有限公司	无	有	35.5
9	上海嘉宝实业（集团）股份有限公司	无	无	29.0
10	三湘股份有限公司	无	无	27.5
11	天地源股份有限公司	无	无	24.5
12	上海万业企业股份有限公司	无	无	21.5

续表

排名	企业名称	是否发布企业社会责任报告	官网是否设置社会责任专栏	社会责任发展指数
★（7家）				
13	上海新梅置业股份有限公司	无	无	19.5
14	上海华鑫股份有限公司	无	无	17.5
15	中华企业股份有限公司	无	无	15.5
15	上海世茂股份有限公司	无	无	15.5
17	上海新黄浦置业股份有限公司	无	无	14.5
18	荣丰控股集团股份有限公司	无	无	9.5
19	匹凸匹金融信息服务（上海）股份有限公司	无	无	7.5

二、阶段性特征

（一）房地产业社会责任发展指数为31.7分，总体处于二星级水平

房地产业社会责任发展指数平均得分为31.7分，为二星级水平，处于起步阶段（见图8-1）。在评价的6个行业中排名第五。

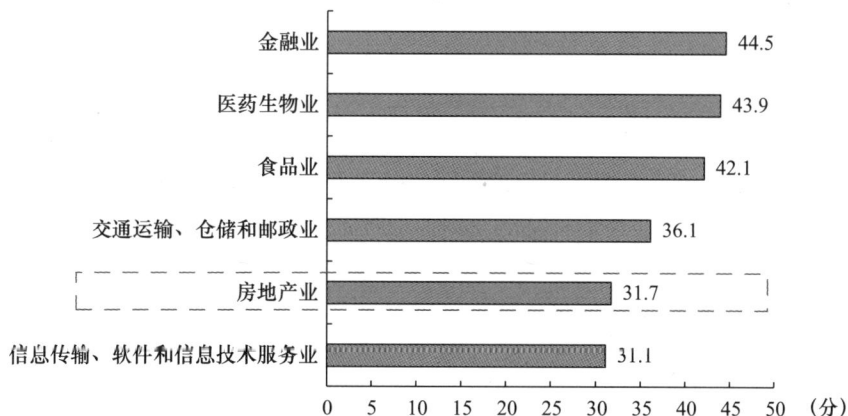

图8-1　房地产业社会责任发展阶段与排名

19家样本企业中，有2家四星级企业，为上海实业发展股份有限公司（66.0分）和上海陆家嘴金融贸易区开发股份有限公司（63.5分）；三星级企

业有4家，分别为上海金桥出口加工区开发股份有限公司（59.5分）、上海大名城企业股份有限公司（53.5分）、华丽家族股份有限公司（42.5分）和上海市北高新股份有限公司（40.0分）；二星级企业6家；一星级企业7家。

房地产开发行业是与居民工作生活紧密相关的行业，在保证房屋质量以及客户服务方面具有义不容辞的责任。但从上海上市公司房地产企业自身来看，房地产行业社会责任发展指数不容乐观。未来，房地产业社会责任信息披露水平仍有很大的提升空间，房地产企业应强化责任意识，加强社会责任信息披露工作。

（二）房地产行业责任实践优于责任管理，社会责任表现最佳；房地产行业注重公益慈善、股东权益和依法经营，在供应链管理方面表现欠佳

表8-2　房地产开发业责任议题得分情况　　　　　　单位：分

责任板块	责任议题	行业平均分	行业最高分	最佳实践
责任管理 （21.1）	责任战略与治理	8.2	40	浦东金桥
	利益相关方参与	28.9	100	浦东金桥、上实发展、陆家嘴
	责任沟通	38.9	100	浦东金桥、上实发展、陆家嘴 华丽家族、大名城、光明地产
市场责任 （31.8）	股东权益	62.6	100	陆家嘴、上实发展
	供应链管理	4.2	40	陆家嘴
	客户服务	22.6	80	陆家嘴
	科技创新	15.8	70	华丽家族、华夏股份
社会责任 （49.2）	依法经营	42.1	100	浦东金桥、上实发展、大名城、 华丽家族、嘉宝集团
	员工关爱	33.4	65	市北高新
	公益慈善	64.0	100	大名城、嘉宝集团、绿地控股、 光明地产
环境责任 （18.9）	环境责任	18.9	63.6	上实发展

对比责任管理与责任实践，可以看出责任实践（33.3分）得分高于责任管理（21.1分），其中责任战略与治理（8.2分）议题表现欠佳。可见，房地产行业更注重社会责任活动的开展，社会责任战略管理布局有待提升。就责

任实践而言，社会责任（49.2分）、市场责任（31.8分）表现优于环境责任（18.9分），体现出房地产企业在公益慈善和经营业绩等方面的信息披露率高于环境保护的信息披露率。

从议题角度来看，房地产业在公益慈善（64.0分）、股东权益（62.6分）、依法经营（42.1分）方面的信息披露水平相对较高，可见大部分房地产企业重视慈善公益活动，助力社区发展，同时注重保护股东权益和合规经营。供应链管理（4.2分）和责任战略与治理（8.2分）议题得分相对较差，房地产企业，一方面应强化社会责任管理工作，提升责任管理水平；另一方面应注重加强对供应链成员企业的管理，打造责任供应链。

三、最佳实践

综合优秀房地产企业社会责任信息披露情况可以看出，房地产企业信息披露的重点集中于以下方面。

（一）完善质量管控体系

上实发展通过完善质量体系、加强项目检查等方式，强化产品质量，如图8-2所示。

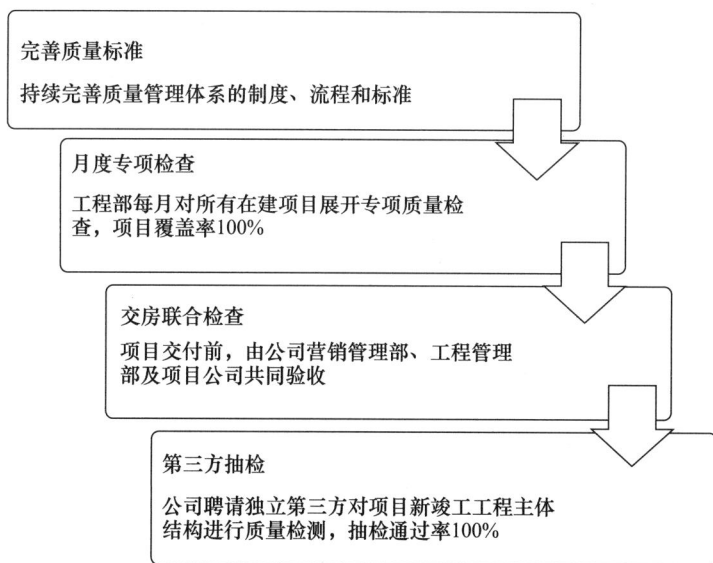

图8-2　上实发展产品质量保证体系

（二）引领绿色发展

上海陆家嘴大力推进科技创新，运用节能材料，实现低碳环保的目标。凡公司投资建设的项目都符合国家和地方的环境质量控制标准和污染物排放标准，在设计和竣工时都通过了相关专业部门的审核和验收。公司建设项目均符合 DGJ08－107－2012《上海市公共建筑节能设计标准》有关规定，所涉及的节能设计、能耗检测都满足要求。公司对各个项目部在建设项目过程中自主创新，勇于探索的精神给予极大支持，鼓励各项目技术人员积极探索新型节能材料的运用，实现低碳环保的目标，如图8－3所示。

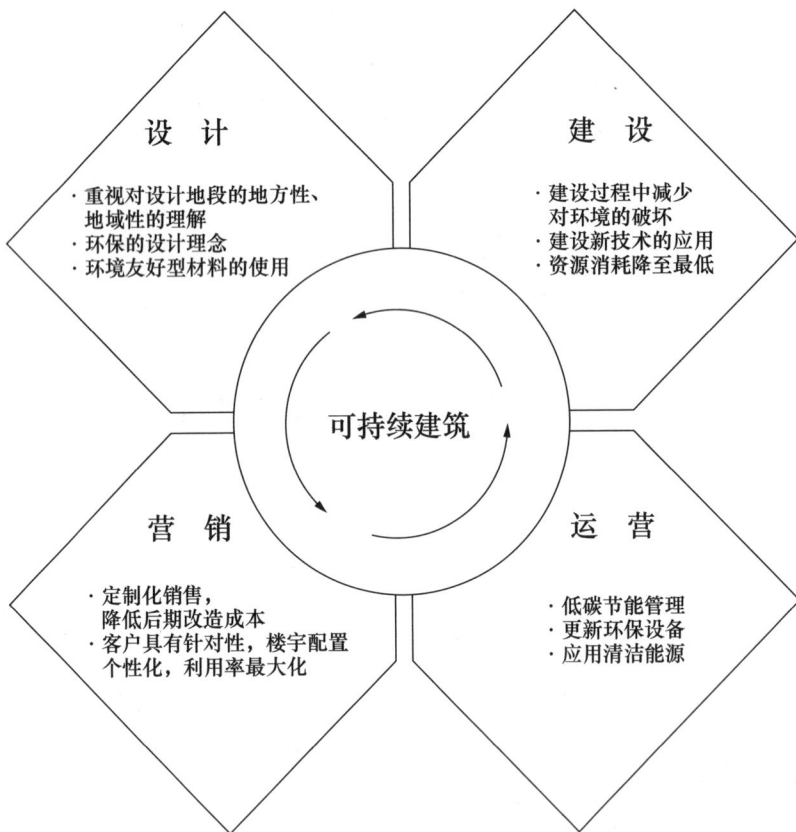

图8－3 陆家嘴可持续建筑体系

（三）提供客户服务

客户的支持是大名城发展的根本动力，没有客户的信任也就没有大名城今天的成绩。因此，公司十分重视与客户之间持续友好的关系，持续为客户提供丰富优质的产品，不断完善售后服务质量，并定期组织客户活动，增进与客户之间的交流互动。2015 年，为适应公司发展需要，完善客户售后体验，公司客服部从原有营销部中分离成为独立部门。客服部在日常工作中协调工程部和物业公司等部门及单位，严格遵照公司客户服务制度的规定，及时处理客户投诉信息，定期进行客户满意度调查并不断改进服务，并组织对公共建筑及区域的定期检查，发现安全隐患及时处理。2015 年下半年，公司施行了新的物业巡检制度，每个月，客服部组织对物业公司各项服务的监督检查工作，并出具巡检报告，督促物业公司改进服务质量，提高社区卫生环境，消除安全隐患，加强安保措施等。

（四）践行公益责任

乐善好施、守望相助是中国人的传统美德，金桥股份能跨越种种困难行走至今，离不开社会大众的支持，因此，金桥股份不忘回馈社会，始终坚持参与社会公益活动，响应政府并积极号召公司内部员工参与社会互动活动。

案例：碧云花园服务公寓践行"节能环保日"

夏季用电高峰，为了唤起宾客和社会的节能意识，形成一定的宣传声势，服务公寓相约于每年的 7 月到 9 月每周周五穿着统一 T 恤推出"节能环保日"践行绿色生活，呼吁节能环保，为建设一个持之以恒，天蓝、地绿、水清中国，献出自己的微薄之力。

图 8-4　金桥股份公益活动——"节能环保日"

第九章

ICT 行业社会责任发展指数（2016）

一、评价结果

本节评价的 ICT 行业是指从事信息、通信和技术服务业的行业，主要包括三大类：信息服务、软件开发及互联网技术服务业。ICT 行业 18 家样本企业的社会责任发展指数排名及得分如表 9 - 1 所示。

表 9 - 1　ICT 行业社会责任发展指数（2016）　　　　单位：分

排名	企业名称	是否发布企业社会责任报告	官网是否设置社会责任专栏	社会责任发展指数
★★★★★（1 家）				
1	中国联合网络通信股份有限公司	有	有	84.5
★★★★（1 家）				
2	上海华东电脑股份有限公司	有	无	63.5
★★★（2 家）				
3	上海宝信软件股份有限公司	有	无	47.5
4	万达信息股份有限公司	有	无	43.0
★★（8 家）				
5	上海天玑科技股份有限公司	无	有	35.5
6	网宿科技股份有限公司	有	无	32.0
7	上海中信信息发展股份有限公司	无	有	31.5
8	鼎捷软件股份有限公司	无	无	27.0
9	上海华虹计通智能系统股份有限公司	无	无	25.5
10	中海网络科技股份有限公司	无	无	25.0

续表

排名	企业名称	是否发布企业社会责任报告	官网是否设置社会责任专栏	社会责任发展指数
★★（8家）				
11	上海二三四五网络控股集团股份有限公司	无	无	24.0
12	上海钢联电子商务股份有限公司	无	无	22.0
★（6家）				
13	卫宁健康科技集团股份有限公司	无	无	19.0
13	上海安硕信息技术股份有限公司	无	无	19.0
15	上海大智慧股份有限公司	无	无	16.5
16	华平信息技术股份有限公司	无	无	16.0
17	上海金桥信息股份有限公司	无	无	14.5
17	上海汉得信息技术股份有限公司	无	无	14.5

二、阶段性特征

（一）ICT 行业社会责任发展指数平均得分为 31.1 分，样本企业间社会责任指数得分差异较大，总体处于二星级水平

ICT 行业企业社会责任发展指数平均得分为 31.1 分，整体为二星级水平，处于起步阶段，在评价的 6 个行业中排名第六。18 家样本企业中，中国联合网络通信股份有限公司以 84.5 分位居第一，为唯一一家五星级企业。上海华东电脑股份有限公司以 63.5 分位居第二，处于四星级水平，上海宝信软件股份有限公司（47.5 分）及万达信息股份有限公司（43.0 分）处于三星级水平，位列第三名及第四名（见图 9-1）。仍有近八成 ICT 行业企业为三星级以下水平，ICT 行业企业社会责任信息披露水平亟待提升。

（二）ICT 行业责任实践优于责任管理，社会责任表现最佳；更注重科技创新、依法经营、公益慈善等议题，在供应链管理方面表现欠佳

如表 9-2 所示，对比责任管理与责任实践，可以看出责任实践（33.3 分）高于责任管理（15.7 分），其中责任战略与治理（10.3 分）议题表现最差，可见 ICT 行业企业更注重于社会责任活动的开展，对于社会责任战略规

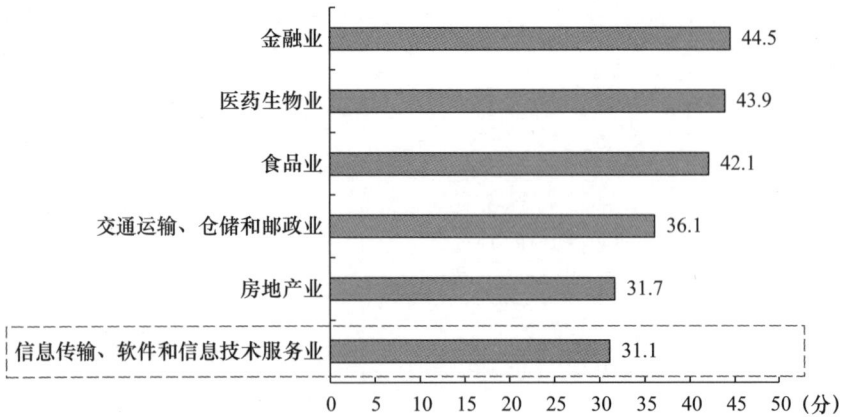

图 9 – 1   ICT 行业社会责任发展阶段与排名

表 9 – 2   ICT 行业责任议题得分情况　　　　　　　　　单位：分

责任板块	责任议题	行业平均分	行业最高分	最佳实践
责任管理 （15.7）	责任战略与治理	10.3	90.0	中国联通
	利益相关方参与	16.7	100.0	中国联通、华东电脑
	责任沟通	25.6	100.0	中国联通
市场责任 （47.6）	股东权益	52.2	70.0	宝信软件
	供应链管理	24.4	100.0	宝信软件
	客户服务	37.8	90.0	华东电脑
	科技创新	81.1	100.0	华东电脑、中国联通、天玑科技、华平股份、万达信息、信息发展、中海科技、网宿科技
社会责任 （36.5）	依法经营	58.3	100.0	华东电脑、中国联通、宝信软件、华虹计通、安硕信息
	员工关爱	35.8	85.0	中国联通
	社区关系/公益慈善	28.6	84.6	中国联通、万达信息
环境责任 （15.9）	环境责任	15.9	81.8	中国联通

划布局不足。就责任实践而言，市场责任（47.6 分）表现优于社会责任（36.5 分）及环境责任（15.9 分），体现出 ICT 行业在财务类数据方面披露更

规范更充分，在环境保护、社区公益等方面的信息披露稍显不足。

从议题角度看，ICT 行业企业在科技创新（81.1 分）方面信息披露最充分，达五星级水平；在依法经营（58.3）及股东权益（52.2 分）方面信息披露水平相对较高，达三星级水平；在责任战略与治理（10.3 分）、环境责任（15.9 分）、利益相关方参与（16.7 分）信息披露不足。可见，ICT 行业在科技创新、合规性及保障投资者权益方面相对重视，在社会责任管理、环境保护方面有待加强。

三、最佳实践

对标社会责任发展指数排名靠前的 ICT 企业，可以看出，ICT 行业信息披露的重点集中于以下方面。

（一）科技创新

科技创新是推动华东电脑不断发展壮大的源动力。公司早在 1999 年就获得了"上海市高新技术企业"的认证，并保持至今（见图 9 - 12）。公司秉承"科学技术是第一生产力"的思想，15 年来不断加大研发投入，招募并培养大批研发人才，目前已培养出新一代的软件开发人才。截至 2015 年末，研发人员数量已连续保持超过公司从业人员的 1/4，形成了一支具有自主创新能力的稳定科研队伍。

图 9 - 2　华东电脑高新技术企业证书

（二）提升客户服务能力

微博、微信、QQ、百度等已经逐渐成为用户工作生活的主要触点，为了给用户提供更好的互联网服务，中国联通努力打造以客户为中心的全方位互联网服务体系，实施"用户在哪儿，服务到哪儿"、"提升用户体验和参与感"的服务理念，不断提升互联网电子化服务能力，为用户提供更加便捷的服务方式、更加个性化的服务内容、更加贴心的互动平台。2015年，"中国联通客服"微信公众订阅号入选国资委"央企新媒体前十"。

报告篇
上海上市公司社会责任报告研究
（2016）

  企业社会责任报告是企业就其履行社会责任的理念、制度、措施和绩效所进行的系统信息披露，是企业与利益相关方进行全面沟通、交流的重要载体和媒介，也是反映企业管理水平的重要窗口。近年来，上市公司企业社会责任报告发布数量不断增加，一些上市公司已经逐步认识到企业社会责任报告所反映的非财务信息对于吸引投资者关注的重要作用。上市公司通过向社会公众披露社会责任报告，可以更有效地对自身社会责任履行情况进行反思和梳理，这对于公众及投资者了解上市公司对社会的贡献及主动承担社会责任的情况，倡导价值投资具有重要作用，因此发布企业社会责任报告已经成为上市公司自身发展的必然选择与内在要求。

  本研究以2016年上海上市公司发布的77份社会责任报告为样本企业，从社会责任报告基本概况和社会责任报告质量两个方面进行分析，辨析上海上市公司报告的阶段性特征。

第十章

2016年上海上市公司社会责任报告基本概况

截至2016年4月30日，通过从上市公司的企业官方网站、上海证券交易所官网、巨潮资讯网等途径和渠道，在222家上海上市公司中，共收集到77份企业社会责任报告，详细名单如表10-1所示。

表10-1 发布社会责任报告企业名单

序号	企业名称	序号	企业名称	序号	企业名称	序号	企业名称
1	上汽集团	21	光大证券	41	大众交通	61	上海石化
2	大名城	22	上海电气	42	市北高新	62	上海普天
3	中国联通	23	上海医药	43	方正科技	63	陆家嘴
4	中海发展	24	中国太保	44	光明乳业	64	豫园商城
5	上海电力	25	交通银行	45	置信电气	65	申华控股
6	宝钢股份	26	环旭电子	46	上海能源	66	城投控股
7	上港集团	27	国泰君安	47	华丽家族	67	外高桥
8	浦发银行	28	东方证券	48	中化国际	68	爱建集团
9	新文化	29	张江高科	49	现代制药	69	申能股份
10	巴安水务	30	华东电脑	50	上海家化	70	浦东金桥
11	万达信息	31	宝信软件	51	浦东建设	71	大众公用
12	安诺其	32	上柴股份	52	紫江企业	72	中技控股
13	东方财富	33	海通证券	53	复星医药	73	新世界
14	上海凯宝	34	界龙实业	54	上海贝岭	74	华谊集团
15	网宿科技	35	上海机电	55	上海建工	75	天宸股份
16	新时达	36	申通地铁	56	航天机电	76	海立股份
17	美邦服饰	37	百联股份	57	东方航空	77	氯碱化工
18	延华智能	38	益民集团	58	上实发展		
19	悦心健康	39	安信信托	59	华域汽车		
20	中海集运	40	金枫酒业	60	光明地产		

一、报告发布比率较低，三成企业发布年度企业社会责任报告

从上海上市公司企业社会责任报告的发布情况来看，截至 2016 年 4 月 30 日，222 家上海上市公司中，仅有 77 家发布企业社会责任报告，占上海上市公司总数的 34.7%。相较于 2015 年的 33.0% 而言，上海上市公司报告发布比例略有上升，如图 10-1 所示。

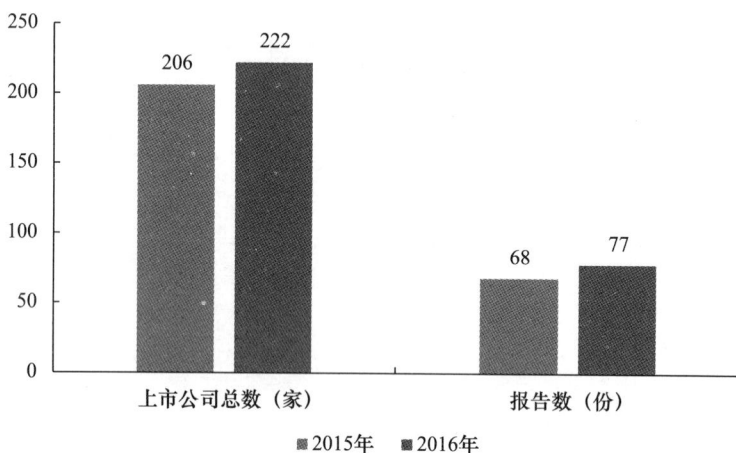

图 10-1　企业社会责任报告发布情况

二、行业分布广泛，机械设备制造类企业数量相对较多

统计发现，上海上市公司发布社会责任报告的企业广泛分布于 20 个行业[①]。其中，金融业、机械设备制造业企业和房地产业企业数量相对较多，分别为 10 家、8 家和 7 家，占报告总数的 13.0%、10.4% 和 9.1%；而采矿业，纺织服装类，文化、体育和娱乐业，租赁和商务服务业数量最少，分别只有 1

---

①　为了分析各行业企业社会责任报告发布水平，本书行业分类以中国证监会 2012 年修订的《上市公司行业分类指引》为基础，根据各行业社会责任关键议题的相近程度，进行适当合并与拆分，共划分为 24 个行业，同时将跨多个行业经营的企业以综合计算，以增加研究的科学性和系统性，确保指标体系构建的科学性和指标的实质性。

家，如表10-2所示。

表10-2　发布社会责任报告企业行业发布　　　　　单位：家

序号	行业分类	企业数量
1	金融业	10
2	机械设备制造业	8
3	房地产业	7
4	交通运输、仓储和邮政业	6
5	石油化工类	6
6	批发和零售业	6
7	信息传输、软件和信息技术服务业	5
8	电子类	5
9	医药生物业	4
10	电力、热力、燃气及水生产和供应业	3
11	综合	3
12	建筑业	2
13	科学研究和技术服务业	2
14	矿产加工类	2
15	食品业	2
16	一般制造业	2
17	采矿业	1
18	纺织服装类	1
19	文化、体育和娱乐业	1
20	租赁和商务服务业	1

三、报告篇幅偏少，一半以上的报告页数在30页及以下；报告篇幅较2015年有所增加

适度的社会责任报告篇幅是企业与利益相关方交流和沟通的必要条件和保证。通过对报告篇幅分析发现，报告的平均篇幅为41页，其中30页及以下的报告数量共计41份，占比53.2%，这部分企业的社会责任信息披露较少。另外，篇幅在 51~70 页、71~90 页、91 页及以上的报告分别为 11 份、7份、9 份，共占报告总数的 35.1%，其中复星医药（600196）、上港集团（600018）、申华控股（600653）、环旭电子（601231）、浦东银行（600000）和浦东金桥（600639）6 家企业的社会责任报告达到 100 页。这些报告篇幅较大，基本能够全面披露企业在社会责任方面的理念、制度、措施和绩效等信息，如图 10-2 所示。

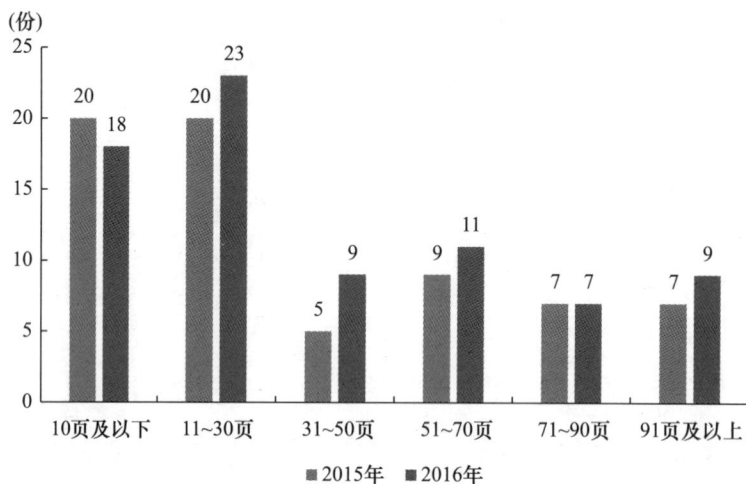

图 10-2 报告篇幅分布

虽然上海上市公司发布的企业社会责任报告整体篇幅较短，但相对于前一年而言有所增加。2016 年报告平均篇幅较 2015 年的 39 页增加了 2 页，同时 30 页及以下的篇幅较短的报告比例较 2015 年的 58.8% 下降了约 6 个百分点。

四、报告发布连续性较好，第八次发布居多

发布社会责任报告的企业中，第八次发布的企业数量最多，达到 29 家，占总数的 37.7%，其中，宝钢股份、浦发银行和交通银行 3 家上市公司发布次数最多，均在 10 次及以上；中化国际和天宸股份发布次数达到 9 次。总体

而言，大部分企业发布社会责任报告的连续性较好，发布 3 次及以上的企业共有 61 家，占 79.2%；而第一次和第二次发布的企业分别有 12 家和 4 家，也反映出上海上市公司社会责任报告的编制和发布在持续推进中，如图 10 - 3 所示。

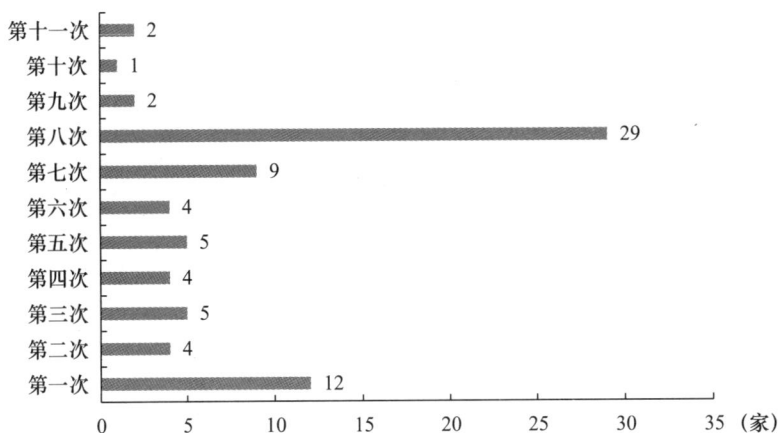

图 10 - 3　报告发布次数分布

五、报告第三方评价较少，仅 14.3% 的报告引入外部评价

企业社会责任报告第三方评价可以作为政府监管企业履行社会责任状况的重要依据、企业自身提高责任管理水平的重要参照和倡导责任投资及责任消费的有力工具，因此企业对社会责任报告数据或内容进行第三方评价具有十分重要的作用和意义。

从上海上市公司社会责任报告第三方评价可以看出，主要分为报告评级、数据审验、质量认证和专家点评四种类型，77 份样本报告中，仅有浦发银行（600000）、交通银行（601328）、复星医药（600196）、上港集团（600018）、中国太保（601601）、海立股份（600619）、东方航空（600115）、益民集团（600824）、环旭电子（601231）、上海电力（600021）、新世界（600628）11 家上市公司的社会责任报告披露了第三方评价信息，占比 14.3%，如表 10 - 3 所示。

表 10 – 3   报告第三方评价分布情况   单位：份

类型	数量	组织方	
报告评级	1	中国社会科学院经济学部企业社会责任研究中心	1
数据审验	4	普华永道中天会计师事务所	2
		立信会计师事务所	1
		上会会计师事务所	1
质量认证	6	SGS	2
		DNV 管理服务集团	1
		上海质量体系审核中心	1
		劳氏质量认证（上海）有限公司	1
		汉德技术监督服务（亚太）有限公司	1
专家点评	1	专家个人	1

值得一提的是，作为最有针对性的企业社会责任报告第三方评价，中国社会科学院经济学部企业社会责任研究中心推出的报告评级服务也在上海市上市公司中得到了运用。2016 年，海立股份（600619）率先申请报告评级服务，并获得"中国企业社会责任报告评级专家委员会"四星级评价。

六、报告规范性进一步提升，七成企业明确了参考标准，上交所指引、GRI、社会科学院指南最受青睐

社会责任报告编制依据是报告内容规范化的重要依据，有利于提高企业社会责任报告的质量。经分析，56 份报告披露了报告编写参考标准，占报告总数的 72.7%，较 2015 年的 61.8% 上升了近 10 个百分点。

77 份报告中，有 21 份报告参考的标准在两种及以上，占 27.3%；另有 21 份报告未披露或未参考相关标准，占比 27.3%，该部分企业社会责任报告编写相对随意，规范性有待提高，如图 10 – 4 所示。

（份）

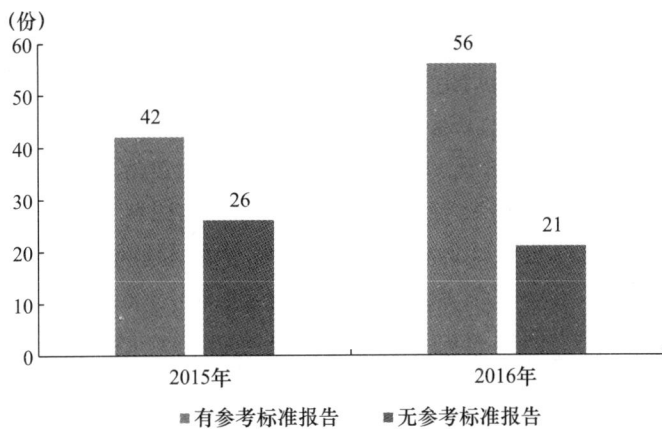

图 10 - 4　是否参考相关标准分布

第十一章

2016 年上海上市公司社会责任报告评价结果

本节内容从企业社会责任报告的"六性"对报告质量进行系统的评价，企业社会责任报告"六性"包括完整性、实质性、平衡性、可比性、可读性和创新性，如表 11 - 1 所示。

表 11 - 1　企业社会责任报告评价"六性"

性　质	内　容
完整性	主要考察企业社会责任报告是否完整披露了企业的经济责任、社会责任和环境责任，是否完整披露了企业履行社会责任的理念、制度、措施及绩效
实质性	主要考察企业社会责任报告是否涵盖了行业特征议题、时代议题等关键的社会责任议题，是否涵盖了对企业有重大影响的关键利益相关方
平衡性	主要考察企业社会责任报告是否披露了实质性的负面信息，是否故意遗漏了企业对经济、社会、环境造成消极影响或损害的问题或事件，进而影响利益相关方对企业社会责任实践与绩效进行判断
可比性	企业在披露关键责任议题的绩效水平时既要披露企业历史绩效，又要披露同行绩效；绩效指标既纵向可比又横向可比，有助于利益相关方对企业的责任绩效进行分析和比较
可读性	指报告的信息披露方式易于读者理解和接受，主要体现在结构清晰、条理清楚；语言流畅、通俗易懂；通过流程图、数据表、图片等使表达形式更加直观；对术语、缩略词等专业词汇做出解释；方便阅读且美观的排版设计等
创新性	指将报告的内容、形式与国内外社会责任报告以及企业往期社会责任报告进行对比，判断其在内容和形式方面有无创新，以及创新是否有助于提高报告质量

表11-2 上海上市公司社会责任报告评价结果（2016） 单位：分

排名	企业名称	综合得分	完整性	实质性	平衡性	可读性	可比性	创新性
1	复星医药	93.7	81.5	100.0	90.0	98.0	100.0	95.0
2	东方航空	82.4	66.7	75.0	95.0	95.0	100.0	95.0
3	中国联通	78.2	60.3	75.0	80.0	90.0	100.0	93.0
4	上海电力	75.0	53.6	77.8	63.0	95.0	82.2	95.0
5	上海石化	73.6	67.1	72.7	75.0	80.0	100.0	30.0
6	现代制药	73.1	55.5	70.0	70.0	85.0	100.0	85.0
7	上汽集团	72.4	50.0	88.9	85.0	90.0	27.0	80.0
8	中国太保	71.9	47.4	81.8	70.0	75.0	95.0	80.0
9	浦东建设	70.5	56.2	66.7	70.0	80.0	100.0	70.0
10	海立股份	70.3	81.1	66.7	70.0	60.0	100.0	20.0
11	东方证券	69.8	51.7	81.8	63.0	70.0	90.0	60.0
12	陆家嘴	68.8	55.8	77.8	65.0	75.0	90.0	20.0
13	交通银行	68.2	51.7	72.7	50.0	75.0	95.0	80.0
14	浦发银行	66.1	58.6	63.6	0.0	93.0	90.0	95.0
15	环旭电子	63.0	50.0	88.9	70.0	60.0	28.4	40.0
16	上港集团	62.3	56.9	37.5	63.0	85.0	100.0	70.0
17	华域汽车	61.1	48.5	77.8	70.0	52.5	41.6	80.0
18	上海医药	60.6	34.3	60.0	55.0	75.0	95.0	80.0
19	宝钢股份	60.5	39.3	88.9	63.0	50.0	67.0	20.0
20	华东电脑	59.0	50.9	75.0	65.0	60.0	22.9	60.0
21	外高桥	55.3	45.3	30.0	70.0	87.5	100.0	10.0
22	上海电气	53.8	30.3	77.8	0.0	80.0	39.2	60.0
23	浦东金桥	53.7	45.1	44.4	65.0	55.0	94.6	43.0
24	置信电气	52.5	44.7	66.7	63.0	60.0	0.0	60.0
25	益民集团	52.1	34.2	50.0	50.0	70.0	70.7	50.0
26	氯碱化工	51.5	42.5	63.6	90.0	40.0	38.0	20.0
27	中海集运	51.4	24.4	75.0	65.0	65.0	17.9	30.0
28	中化国际	49.5	30.1	63.6	70.0	55.0	24.0	50.0
29	中海发展	46.3	42.3	25.0	70.0	85.0	2.7	80.0
30	光明乳业	44.6	28.0	36.4	75.0	72.5	17.3	60.0
31	上实发展	43.6	30.1	55.6	40.0	60.0	24.6	20.0

续表

排名	企业名称	综合得分	完整性	实质性	平衡性	可读性	可比性	创新性
32	新世界	43.5	42.7	40.0	55.0	60.0	17.9	30.0
33	大名城	43.1	28.3	66.7	40.0	50.0	2.7	35.0
34	上海贝岭	42.8	27.9	33.3	70.0	60.0	28.7	80.0
35	上海能源	41.5	26.7	63.6	70.0	40.0	0.0	15.0
36	延华智能	41.3	33.6	50.0	63.0	40.0	0.0	72.0
37	悦心健康	41.1	28.5	62.5	55.0	40.0	10.0	15.0
38	宝信软件	40.7	34.5	62.5	63.0	20.0	25.7	10.0
39	新时达	40.6	28.0	55.6	55.0	40.0	19.7	30.0
40	网宿科技	39.7	23.3	50.0	25.0	55.0	23.3	60.0
41	光大证券	37.8	26.7	63.6	40.0	20.0	30.0	20.0
42	张江高科	37.7	32.8	50.0	0.0	60.0	0.0	50.0
43	申能股份	37.5	27.5	55.6	40.0	35.0	12.0	35.0
44	大众公用	36.2	27.5	44.4	70.0	35.0	0.0	40.0
45	市北高新	34.9	20.4	44.4	60.0	40.0	10.0	30.0
46	申通地铁	34.8	18.7	50.0	63.0	20.0	43.4	10.0
47	东方财富	32.2	19.0	50.0	40.0	25.0	26.7	15.0
48	海通证券	30.7	24.1	54.6	25.0	20.0	13.3	10.0
49	上海机电	29.8	28.8	55.6	0.0	20.0	14.6	10.0
50	方正科技	29.4	19.3	44.4	65.0	20.0	0.0	15.0
50	界龙实业	29.4	18.8	55.6	0.0	35.0	5.0	10.0
52	国泰君安	28.7	25.9	54.6	0.0	20.0	13.3	10.0
53	上海普天	28.5	17.9	33.3	65.0	35.0	0.0	10.0
53	安诺其	28.5	17.2	36.4	40.0	40.0	5.0	15.0
55	航天机电	28.3	22.9	44.4	45.0	20.0	0.0	15.0
56	豫园商城	28.1	23.1	10.0	25.0	30.0	75.7	65.0
57	万达信息	27.9	19.0	37.5	25.0	32.5	21.7	15.0
58	紫江企业	27.2	19.2	36.4	0.0	42.5	10.0	40.0
58	百联股份	27.2	24.8	40.0	25.0	30.0	0.0	10.0
60	城投控股	27.0	20.4	22.2	25.0	45.0	32.3	10.0
61	申华控股	24.8	27.4	30.0	25.0	17.5	5.0	50.0
62	上柴股份	24.4	25.8	33.3	25.0	25.0	0.0	10.0

排名	企业名称	综合得分	完整性	实质性	平衡性	可读性	可比性	创新性
63	大众交通	23.5	17.9	12.5	63.0	40.0	0.0	20.0
64	金枫酒业	23.4	25.9	27.3	0.0	30.0	12.4	30.0
65	巴安水务	23.3	16.2	11.1	0.0	65.0	9.6	40.0
66	华谊集团	23.1	20.6	27.3	25.0	27.5	2.0	32.0
67	安信信托	22.9	19.0	45.5	0.0	20.0	0.0	10.0
68	新文化	22.5	14.9	25.0	25.0	40.0	0.0	15.0
69	华丽家族	22.2	11.5	44.4	10.0	20.0	0.0	20.0
70	天宸股份	21.8	12.1	37.5	25.0	20.0	0.0	20.0
71	光明地产	21.4	16.8	22.2	40.0	20.0	18.2	15.0
72	上海家化	20.3	12.3	18.2	65.0	20.0	5.0	15.0
73	上海凯宝	19.1	16.4	10.0	40.0	30.0	10.0	20.0
74	美邦服饰	15.9	10.9	22.2	40.0	10.0	0.0	10.0
75	中技控股	10.2	7.4	11.1	0.0	10.0	0.0	60.0
76	上海建工	10.1	13.1	11.1	0.0	15.0	0.0	10.0
77	爱建集团	8.1	10.3	0.0	25.0	12.5	0.0	10.0

第十二章

2016年上海上市公司社会责任报告质量分析

从图12-1社会责任报告综合得分及"六性"得分可以得出，上海上市公司企业社会责任报告"六性"综合得分为43.8分，总体表现欠佳；"六性"平均得分都在60分以下，具体分析如下。

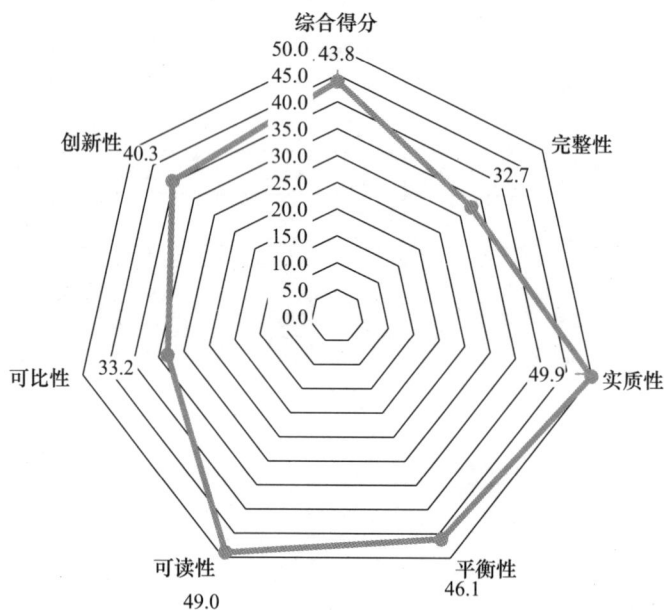

图 12-1　社会责任报告综合得分及"六性"得分比较

一、完整性表现相对较差

完整性主要考察社会责任报告披露关键指标的充分性。2016年，上海上市公司社会责任报告完整性得分不够理想，在各项指标中得分最低，平均得分为32.7分，未能较为全面地向利益相关方反映企业对经济、社会和环境的重大影响及披露企业在责任管理以及各个责任议题方面的理念、制度、行动和绩效。整体而言，上海上市公司社会责任报告的完整性有待提升。

77份报告中，复星医药、海立股份、上海石化、东方航空和中国联通五家企业的报告完整性得分在60分以上。其中，复星医药和海立股份的完整性得分为81.5分和81.1分，处于五星级水平，完整性表现卓越（见图12－2）。绝大部分企业的报告信息披露较少，亟须改善。

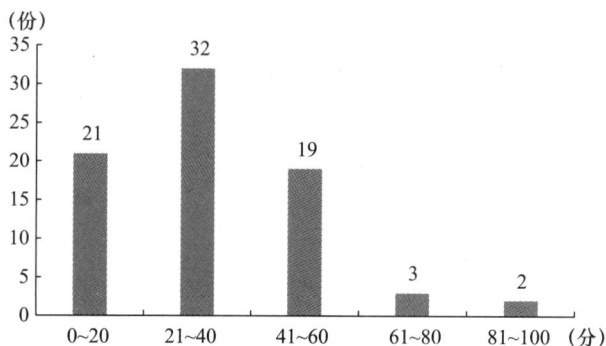

图12－2　社会责任报告完整性得分

二、实质性表现相对突出

实质性主要考察社会责任报告对所属行业实质议题的覆盖程度。2016年，上海上市公司社会责任报告实质性平均得分为49.9分，相对其他"五性"而言表现最佳，37.7%的企业实质性得分在60分以上。

其中，复星医药、上汽集团、环旭电子、宝钢股份、东方证券和太平洋保险六家企业的实质性得分超过80分，处于五星级水平，尤其是复星医药，实质性得分为100分，全面披露了医药生物业的关键议题，如图12－3所示。

（份）

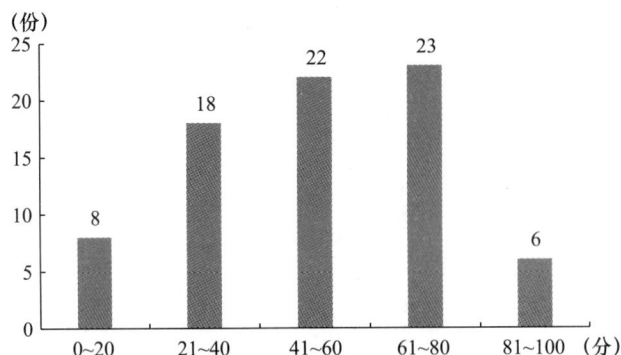

图 12 - 3 社会责任报告实质性得分

从责任议题的表现看，上海上市公司更关注科技创新、股东权益、社区关系等方面的信息披露，而对环境保护、供应链管理方面的信息披露有待加强，如图 12 - 4 所示。

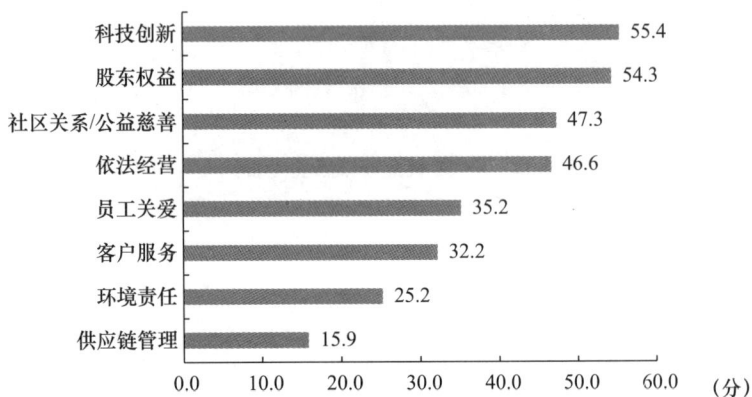

图 12 - 4 社会责任报告议题得分

三、平衡性表现相对良好

平衡性主要考察社会责任报告内容是否中肯，是否披露了企业发生的实质性的负面信息。2016 年，上海上市公司社会责任报告的平衡性得分为 46.1

分，整体处于三星级水平。

77 份社会责任报告中，有65 份报告（84.4%）披露了企业在报告期的相关负面信息，另有12 份报告（15.6%）未披露任何负面信息，亟须改进。

平衡性得分在81 分及以上的企业有：东方航空、复星医药、氯碱化工、上汽集团和中国联通，这些企业的社会责任报告较多地披露了企业经营发展中的负面信息，平衡性表现卓越，如图12 - 5 所示。

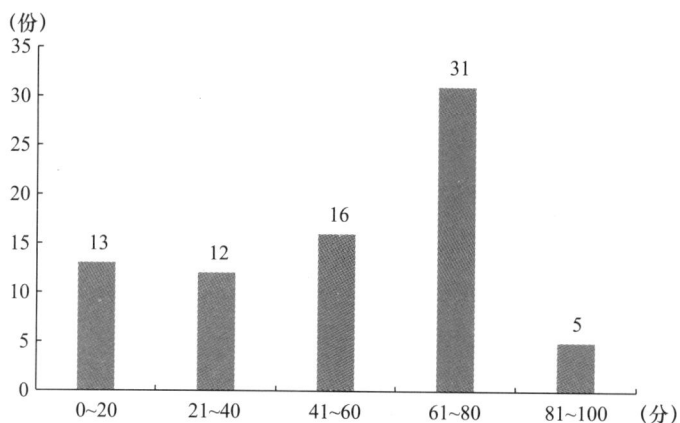

图 12 - 5　社会责任报告平衡性得分

四、可读性表现相对优秀

可读性主要考察报告的信息披露方式是否易于读者理解和接受。2016 年，上海上市公司社会责任报告可读性平均分为49.0 分，整体处于三星级水平。77 份社会责任报告中，30 份（39.0%）报告的可读性在61 分及以上（见图12 - 6）。其中，复星医药、东方航空、上海电力等企业的报告可读性达95 分，这些报告整体设计符合公司生产经营理念，与企业主营业务密切相关，具有很高的标识度，并且框架清晰、排版精美，设计风格颇具行业特色，显著提高报告的可读性。

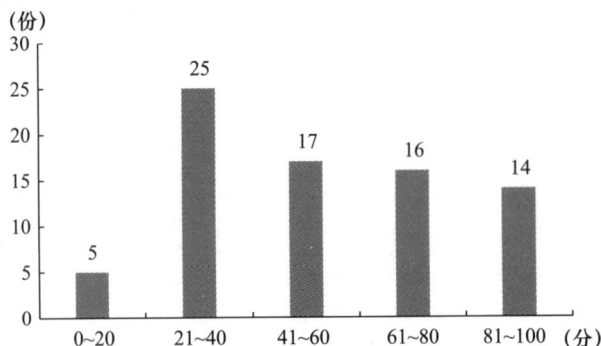

图 12 - 6　社会责任报告可读性得分

五、可比性表现有待改进

可比性主要考察关键绩效指标是否披露了企业连续 3 年及以上的历史数据以及是否披露了行业数据。2016 年，上海上市公司社会责任报告可比性得分为 33.2 分。整体上看，上海上市公司企业社会责任报告的可比性表现参差不齐，81 分及以上的共有 17 份报告，比例为 22.1%，而得分为 20 分以下的报告共 41 份，比例为 53.2%，其中，19 份报告可比性得分为 0，未披露任何连续 3 年及以上的纵向数据，或者与同行相比的横向数据。

可比性表现卓越的企业有：复星医药、东方航空、中国联通、外高桥、现代制药、上港集团、浦东建设、上海石化、海立股份、中国太保、上海医药、交通银行、浦东金桥、浦发银行、陆家嘴、东方证券、上海电力，这些企业的可比性得分均在 80 分以上（见图 12 - 7）。其中，复星医药、东方航空、中国联通、外高桥、现代制药、上港集团、浦东建设、上海石化、海立股份 9 家企业的可比性为 100 分，关键定量指标披露表现卓越。

六、创新性表现相对良好

创新性主要考察评价报告在内容或形式上是否具有有价值的创新。2016 年，上海上市公司社会责任报告的创新性平均得分为 40.3 分，表现相对良好。与可比性分布趋势相似，创新性表现也呈现出两极分化的特点。创新性得

(份)

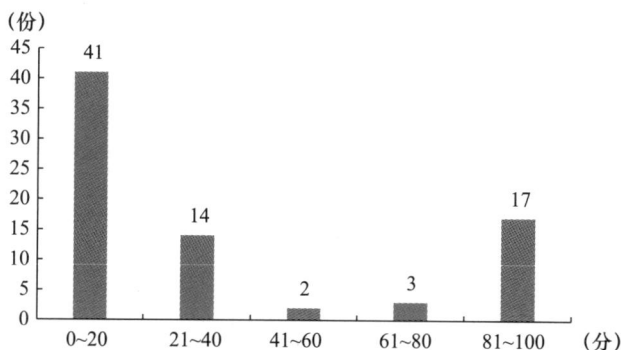

图 12 - 7　社会责任报告可比性得分

分为 81 分及以上的共有 14 份报告，比例为 18.2%，而得分为 20 分及以下的共有 25 份报告，比例为 32.5%，如图 12 - 8 所示。

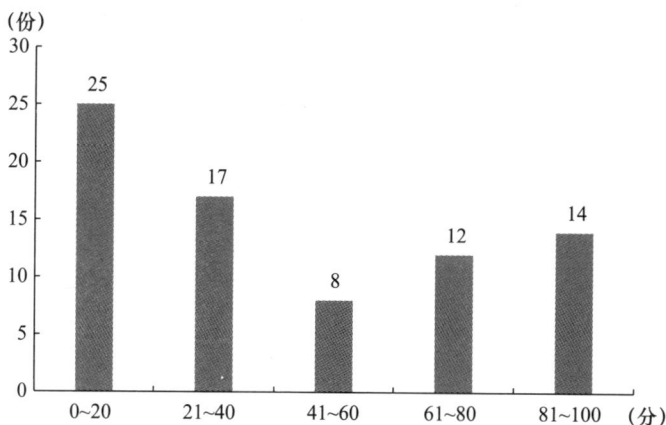

(份)

图 12 - 8　社会责任报告创新性得分

其中，复星医药、东风航空、浦发银行、上海电力、中国联通、环旭电子、现代制药、中国太保、上海医药、交通银行、华域汽车、上海贝岭、上汽集团、中海发展14家企业的报告创新性在 80 分及以上，表现卓越。

案例篇
上海上市公司优秀企业案例
（2016）

为发挥企业社会责任报告的综合价值，引导上海上市公司企业社会责任发展，本篇在辨析上海上市公司企业社会责任报告聚焦的热点议题基础上，对上海上市公司发布的 77 份企业社会责任报告进行分析，选取典型企业的优秀社会责任案例，为上海上市公司提升责任管理、强化责任实践提供借鉴和参考。

为了辨析上海上市公司企业社会责任报告所关注的热点责任议题，课题组对上海上市公司发布的企业社会责任报告进行系统分析，同时研究并借鉴中国社会科学院企业社会责任研究中心发布的《中国企业社会责任研究报告（2015）》，形成上海上市公司企业社会责任报告的八大关键责任议题，即责任管理、投资者关系管理、供应链管理、客户责任、科技创新、社区关系、员工关爱、环境保护。

第十三章

社会责任管理

有效的责任管理是企业实现可持续发展的基石。企业应该推进企业社会责任管理体系的建设，并及时披露相关信息。企业社会责任管理体系包括责任战略、责任治理、责任融合、责任绩效、责任沟通和责任能力六大部分。其中，责任战略的制定过程实际上是企业社会责任的计划（Plan‐P）；责任治理、责任融合的过程实际上是企业社会责任的执行（Do‐D）；责任绩效和报告是对企业社会责任的评价（Check‐C）；调查、研究自己社会责任工作的开展情况、利益相关方意见的反馈以及将责任绩效反馈到战略的过程就是企业社会责任的改善（Action‐A）。这六项工作整合在一起构成了一个周而复始、闭环改进的 PDCA 过程，推动企业社会责任管理持续发展，如图 13 ‐1 所示。

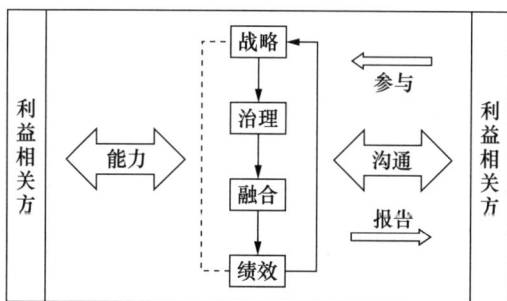

图 13 ‐1　企业社会责任管理的六维框架

➤ **责任战略**：指公司在全面认识自身业务对经济社会环境影响、全面了解利益相关方需求的基础上，制定明确的社会责任理念、核心议题和社会责任规划，包括社会责任理念、社会责任议题和社会责任规划三个方面。

➤ 责任治理：指通过建立必要的组织体系、制度体系和责任体系，保证公司 CSR 理念得以贯彻，保证 CSR 规划和目标得以落实。责任治理包括 CSR 组织、CSR 制度等方面。

➤ 责任融合：指企业将 CSR 理念融入企业经营发展战略和日常运营中，包括推进专项工作转变、推动下属企业履行社会责任、推动供应链合作伙伴履行社会责任三个方面。

➤ 责任绩效：指企业建立社会责任指标体系，并进行考核评价，确保社会责任目标的实现，包括社会责任指标体系和社会责任考核评价等方面。

➤ 责任沟通：指企业就自身社会责任工作与利益相关方开展交流，进行信息双向传递、接收、分析和反馈，包括利益相关方参与、CSR 内部沟通机制和 CSR 外部沟通机制等方面。

➤ 责任能力：指企业通过开展社会责任课题研究、参与社会责任交流和研讨活动提升组织知识水平；通过开展社会责任培训与教育活动提升组织员工的社会责任意识。

本次研究以企业社会责任管理六维框架作为评价依据，对 222 家上海上市公司的社会责任管理工作进行梳理。环旭电子股份有限公司、上海海立（集团）股份有限公司、上海浦东发展银行股份有限公司、中国太平洋保险（集团）股份有限公司以及上海复星医药（集团）股份有限公司五家企业具有完善的责任战略、责任管理体系、责任沟通机制等，并开展多项责任管理工作，促进社会责任与企业生产运营的融合，在社会责任管理方面表现卓越。

一、环旭电子：加强相关方沟通，完善 ESG 治理[①]

环旭电子股份有限公司深知现代企业除了创造经济价值外，为股东和投

---

① 见《环旭电子股份有限公司 2015 年企业社会责任报告》。

资人赚取最大利润，更应创造社会价值，在遵守道德法规的基础上，积极实践公司治理、环境保护、社区参与、员工权益维护等方面的社会责任，追求经济、社会及环境共存共荣的永续发展。环旭电子将"创新踏实"及"热忱服务"的企业核心价值，延伸至环境、社会与治理（Environmental，Social and Governance，ESG）的落实，整合进公司的经营策略及营运管理，追求环旭电子永续发展的愿景。

（一）责任治理

环旭电子为使公司 CSR 顺利推动，成立 CSR 专责单位——USI CSR 推动委员会。委员会由总经理担任主任委员，成员涵盖公司各单位、厂区，并由"绿色及环安卫管理部"担任执行秘书。另制定相关委员会推动规则，并通过定期会议讨论，规划下一年度 CSR 推动计划，并审视当年度相关活动成果。通过委员会的运作及各成员的配合，有效率地传达各项执行事项。

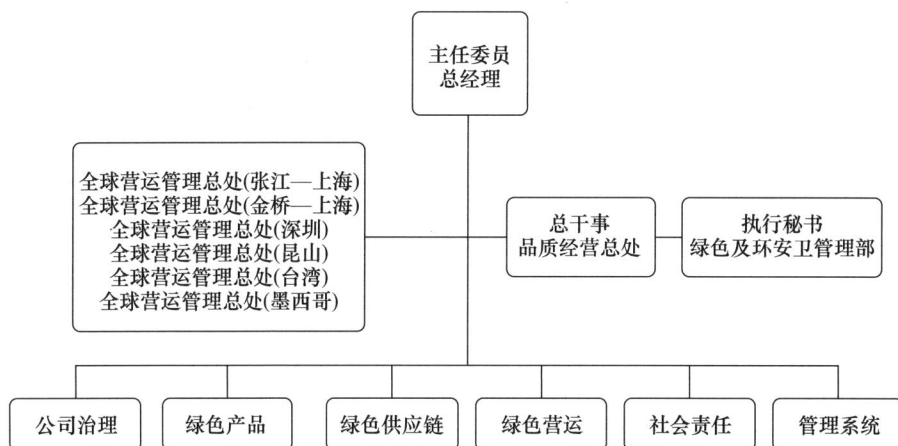

图 13 - 2　环旭电子 CSR 推动委员会

（二）议题识别

秉持利害关系人永续经营的精神，环旭电子对社会责任相关议题进行界定，界定步骤为：

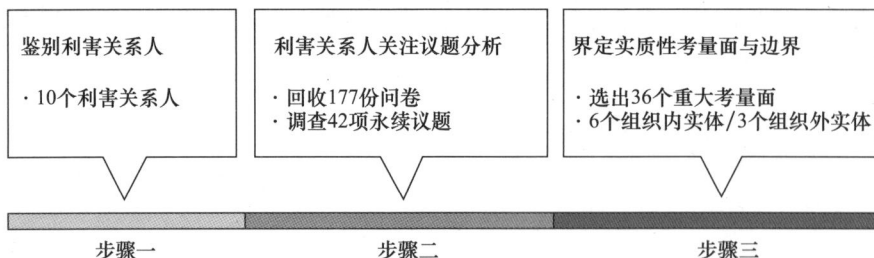

鉴别利害关系人	利害关系人关注议题分析	界定实质性考量面与边界
·10个利害关系人	·回收177份问卷 ·调查42项永续议题	·选出36个重大考量面 ·6个组织内实体/3个组织外实体
步骤一	步骤二	步骤三

图 13 - 3　环旭电子实质性议题界定步骤

步骤一：鉴别利害关系人。本年度环旭电子通过 CSR 推动委员会讨论及参考上年度报告书鉴别结果，再次审视利害关系人名单，鉴别出与本公司有密切关系之利害关系人，包括股东/投资人、员工、客户、媒体、供货商、非政府组织/非营利机构、政府单位、当地小区、学术界/研究机构、公/协会。

步骤二：利害关系人关注议题分析。针对所鉴别出的利害关系人进行问卷调查及分析，共回收了 177 份问卷，调查了 42 项永续议题；并且针对各组织高级主管进行各项议题对公司冲击程度的调查，将对其与利害关系人关注议题进行结果分析，汇总出利害关系人关注的经济、环境及社会议题，并依其关注程度分为：高度、中度、低度。另外，CSR 推动委员会鉴别及讨论出 2 个议题，分别是无冲突矿产采购计划、持续改善，并在报告书中披露。

步骤三：界定实质性考量面与边界：本次报告书披露议题为调查 42 项议题中的 39 项议题，对照 GRI G4 的 46 个考量面，选出 36 个考量面，加上两个属于公司特性的考量面，共 38 个考量面。每个考量面为揭露一个或一个以上的指标，边界以最宽的方式披露，并参酌专家/学者建议，得到最后结果。鉴别结果如图 13 - 5 所示。

（三）责任沟通

针对公司运营冲击度高且为利害关系人高度关切的议题，为了符合他们的期望，环旭电子建立了良好的沟通平台，采取相关应对策略，维系并强化彼此的关系，如图 13 - 6 所示。

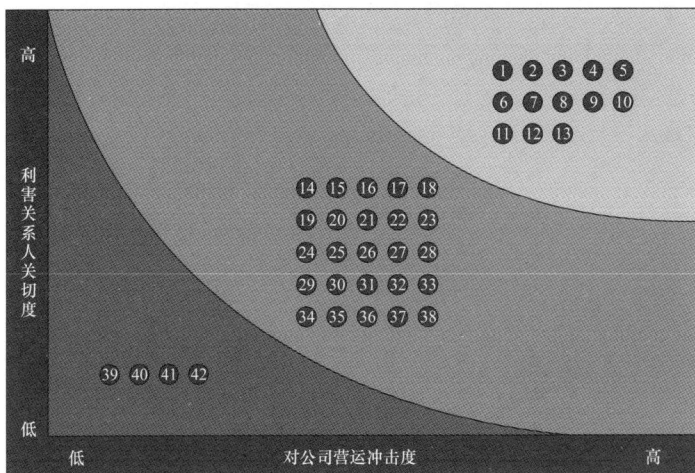

高度：

① 永续发展策略
② 风险管理
③ 道德/行为准则
④ 法规遵循
⑤ 经济绩效
⑥ 废弃物管理与回收
⑦ 人才招募与留才
⑧ 员工福利
⑨ 劳资关系
⑩ 职业健康与安全
⑪ 顾客的健康安全
⑫ 客户满意度调查
⑬ 客户隐私

中度：

⑭ 治理结构与组成
⑮ 利害关系人沟通
⑯ 供应链管理/采购实务
⑰ 在地聘雇/薪资比例
⑱ 能源管理
⑲ 水资源管理
⑳ 碳管理/温室气体排放
㉑ 绿色设计
㉒ 绿色支出
㉓ 供应商环境评估
㉔ 环境问题申诉机制
㉕ 训练与教育
㉖ 员工多元化与平等机会
㉗ 男女同酬
㉘ 供应商劳工实务评估
㉙ 劳工实务问题申诉机制
㉚ 人权训练
㉛ 不歧视
㉜ 童工
㉝ 强迫与强制劳动
㉞ 人权问题申诉机制
㉟ 社区发展/公益推动
㊱ 反贪腐
㊲ 原物料使用
㊳ 反竞争行为

低度：

㊴ 结社自由与集体协商
㊵ 供应商人权评估
㊶ 供应商社会冲击评估
㊷ 社会冲击问题申诉机制

图 13-4 环旭电子实质性议题分析

注：

➢ 高度关注：为重大议题，属必要揭露议题。

➢ 中度关注：为次要议题，采取选择性揭露。

➢ 低度关注：为较轻微议题，属非必要揭露议题。（但因此次分析结果，低度关注中涵盖部分 EICC 议题，在 EICC 相关政策及管理方针仍有相关叙述，故此次报告书，仍揭露此区域议题）

二、海立股份：将责任融入运营，共创可持续价值①

海立集团秉持"真心奉献"的理念，以改善人们的居住环境为己任，不断完善产品与服务质量，为广大消费者提供更加舒适的工作及生活环境。

———————————

① 见《上海海立（集团）股份有限公司 2015 年企业社会责任报告》。

●此次揭露　○未来规划

范畴	组织边界						组织外边界		
	张江厂	深圳厂	昆山厂	台湾厂	墨西哥厂	金桥厂	当地社区	供应商	客户
经济类别									
经济绩效	●	●	●	●	●	●			
市场形象	●	●	●	●	●	●			
采购实务	●	●	●	●	●	●			
环境类别									
能源	●	●	●	●	●	●		○	●
水	●	●	●	●	●	●			
排放	●	●	●	●	●	●		○	●
废污水与废弃物	●	●	●	●	●	●		○	
人权类别									
投资	●	●	●	●	●	●		○	●
不歧视	●	●	●	●	●	●		●	●
结社自由与集体协商	●	●	●	●	●	●		●	●
童工	●	●	●	●	●	●		●	●
强迫与强制劳动	●	●	●	●	●	●		●	●
评估	●	●	●	●	●	●		●	●
供应商人权评估	●	●	●	●	●	●		●	●
人权问题申诉机制	●	●	●	●	●	●		●	●
法规遵循	●	●	●	●	●	●		○	
整体情况	●	●	●	●	●	●			
供应商环境评估	●	●	●	●	●	●		●	●
环境问题申诉机制	●	●	●	●	●	●	●	●	●
劳动条件类别									
劳雇关系	●	●	●	●	●	●			
劳资关系	●	●	●	●	●	●			
职业健康与安全	●	●	●	●	●	●		○	●
训练与教育	●	●	●	●	●	●		○	
员工多元化与平等机会	●	●	●	●	●	●			
男女同酬	●	●	●	●	●	●		○	
供应商劳工实务评估	●	●	●	●	●	●			
劳工实务问题申诉机制	●	●	●	●	●	●		●	●
社会类别									
当地社会	●	●	●	●	●	●	●		
反贪腐	●	●	●	●	●	●		●	●

图13－5　环旭电子实质性议题

范畴	组织边界						组织外边界		
	张江厂	深圳厂	昆山厂	台湾厂	墨西哥厂	金桥厂	当地社区	供应商	客户
法规遵循	●	●	●	●	●	●			●
供应商社会冲击评估	●	●	●	●	●	●		●	●
社会冲击问题申诉机制	●	●	●	●	●	●	●	●	●
产品责任类别									
顾客的健康与安全	●	●	●	●	●	●		○	●
产品与服务的标示	●	●	●	●	●	●			●
顾客隐私	●	●	●	●	●	●			●
法规遵循	●	●	●	●	●	●			●
其他议题									
冲突矿产	●	●	●	●	●	●		●	●
持续改善	●	●	●	●	●	●			

图 13 – 5　环旭电子实质性议题（续）

利害关系人	关注议题	沟通渠道	运作情形
股东/投资人	● 财务绩效 ● 公司治理	● 年报 ● 公司网站投资人专区 ● 年度股东大会 ● 上海证交所上证 E 互动	● 环旭电子定期通过证交所网站及每年度出版的年报，揭露公司财务资讯，并对经营情况和资料进行讨论分析 ● 定期召开股东会议，向投资者说明营运绩效，并回复他们关切的问题 ● 每季度召开电话会议，向投资者说明公司生产经营情况
员工	● 员工福利 　人才吸引与保留	● 职工福利委员会/职工代表大会 ● 员工关系网 ● 总经理座谈会 ● 劳资会议 ● 教育训练 ● 员工满意度调查	● 每季定期召开职工代表大会，讨论、规划近期相关员工活动，并提出员工相关意见 ● 于公司内部网站中，设立员工关系网。在网站上除提供员工福利及各项员工活动资讯外，也能通过网站中"员工意见箱"说出想说的话 ● 每季举行"总经理座谈会"，总经理向公司同仁宣达未来趋势及公司期望，并通过会议，聆听同仁心声 ● 成立"环旭大学"不定期提供员工各式教育训练课程，精实专业技能 ● 每两年于公司内部网站上举行"员工满意问卷调查"

图 13 – 6　利益相关方沟通体系

利害关系人	关注议题	沟通渠道	运作情形
客户	● 客户关系管理 ● 产品创新 ● 供应链管理	● EICC – ON 平台 ● 售后服务系统 ● 客户满意度调查问卷	● 通过 EICC – ON 平台向客户揭露 EICC 自我稽核现况及结果 ● 设计绿色产品，降低产品危害物质使用量，增加产品可回收再利用的比率 ● 每季通过营业提供给对应窗口，协助满意度问卷调查
媒体	● 环境绩效 ● 财务绩效	● 公司网站/E – mail	● 每月发布营收资讯，不定期发布相关营运成果与发展动向
供应商	● 供应链管理 ● 产品创新	● 季度会议（Quarterly Business Review，QBR） ● 优先供应商评比（Pre-terred Suppiler List，PSL） ● 采购合约 ● 供应商现场稽核 ● 供应商问卷调查 ● 供应商永续说明会	● 持续推行绿色供应链，要求并协助供应商通过品质管理系统验证，并控管原物料使用，确保其提供的产品及材料符合环旭电子绿色产品的规定 ● 不定期要求供应商与环旭电子共同落实 EICC 准则及冲突矿产政策 ● 每年选定供应商实施 EICC 现场稽核 ● 不定期实施供应商问卷调查，以了解供应商现况及趋势，供应商亦可通过问卷，表达对 USI 的期望 ● 每年定期举行供应商永续说明会，宣达公司各项推行政策及公司理念
非政府组织/非营利机构	● 企业公民与公益 ● 环境绩效	● 参与论坛及公/协会 ● 活动赞助及协办	● 积极参与相关论坛及公/协会（电机电子工业同业公会、工业安全卫生协会及工业发展投资策进会） ● 每年持续捐赠新书给南投县小学，赞助文艺团体巡回公演，并投入急难救助的行列
政府单位	● 环境绩效 ● 公司治理	● 公文 ● 研讨会参与	● 不定期积极参与主管机关举办的研讨会
当地社区	● 环境绩效 ● 企业公民与公益 ● 利害关系人沟通	● 会议参与 ● 公司网站/E – mail	● 订有环安卫相关的标准作业程序及环安沟通、咨询及参与办法，与社区居民维系良好的关系 ● 每年持续赞助道路认养及养护

图 13 – 6 利益相关方沟通体系（续）

（一）责任战略

2015 年对海立而言更是充满挑战和机遇的一年，以"转型、突破、发展"为理念，抓住契机，引入民营资本，重组并购了中国最大的专业制冷电机制造商之一——杭州富生电器有限公司。混合所有制的改革不但为海立注入了新活力，扩大营收规模，而且优化了企业产业布局，促进海立多元化的转型发展。但是无论外部环境如何变迁，内部自身如何调整，海立始终把社会责任定位为企业发展中的首要位置，从战略的思考到日常工作的执行，海立都把社会责任理念贯彻其中，如图 13-7 所示。

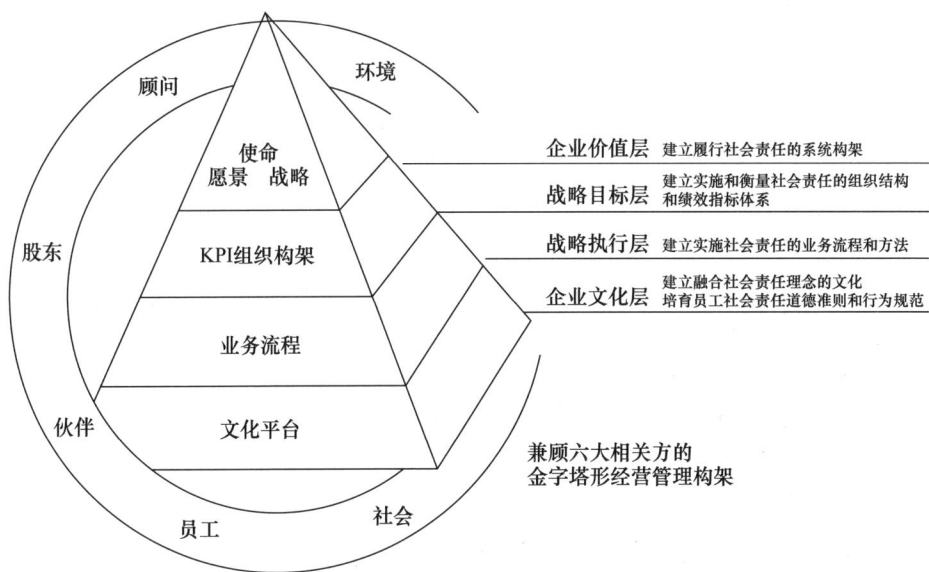

图 13-7 海立股份社会责任模型

（二）责任融合

公司设立社会责任相关的绩效指标，使社会责任真正成为企业发展战略和核心业务经营的有机组成部分，实现了社会责任管理的系统化和制度化，在经营活动中全员、全过程、全方位地履行社会责任，并通过自我评估和持续改进予以完善，确保履行社会责任的可行可控、行之有效和持之以恒，达成六大相关方的共赢，提升企业竞争力。

案例：将 CSR 植进企业的经营战略指标中

海立的主打产品制冷压缩机是冰箱和空调的心脏部件，同时也是耗能产品，作为专业生产制冷压缩机的国内龙头老大，多年来，海立一直瞄准着节能、环保、节材三大方向使力。

早在 2000 年，海立就提出了"改善人们的居住环境、保护人类的生存环境"的使命，但海立的使命或社会责任不是游离于经营战略之外的装饰品，而是镶嵌于公司的使命、愿景、经营理念、战略措施、KPI 绩效目标值之中，并用系统化、制度化的规范方式予以落地。

比如，海立设置的近 20 项关键绩效指标，其中既有反映公司经营效益，保证可持续发展的毛利率和技术研发投入率等指标，也有反映公司在节能减排方面的产品能效比水平、新冷媒产品销售率、压缩机生产综合能耗等指标，还有顾客满意度、员工满意度等指标。而这近 20 项指标中的绝大多数都和企业社会责任相关联。

可以说，海立的企业社会责任和价值观不是放在一旁的空洞口号或漂亮的文字，而是植进企业经营战略的指标中，真正纳入经营管理中，通过战略性和制度性推动把社会责任的具体工作落实。

（三）责任沟通

内部沟通。海立在官网开辟 CSR 专栏，公司员工阅读浏览。此外，公司还发挥移动媒体的作用，在公司官方全年定期推送海立企业社会责任理念和案例。海立还邀请第三方评审组通过书面、电子邮件的形式开展了问卷调查，涉及公司本部及九家投资企业的 222 位员工，了解员工对公司开展社会责任实践工作的知晓度，在产品质量、环境保护、安全生产、职业健康、员工权益、社区发展等方面的感受度和参与度。

外部沟通。公司自 2008 年起每年在不同的企业社会责任发布平台发布《企业社会责任报告》，并邀请第三方机构和媒体对海立的社会责任履行进行评审和报道。第一财经日报连续三年对海立的社会责任进行专题报告。

三、浦发银行：明确管理架构，有效推进责任实践①

浦发银行致力于依托金融专业优势，践行企业社会责任。浦发银行将企业社会责任作为文化品牌以及核心竞争优势的有机组成部分，形成具有浦发银行特色的责任竞争力，积极践行对经济、社会、环境的三重责任，致力于建设成为受人尊敬的上市银行。在经济责任层面，致力于合法诚信、永续经营、为股东创造更多价值；在社会责任层面，致力于为员工、客户、社区等各利益相关方谋求福祉；在环境责任层面，致力于积极应对和规避环境风险，持续绿色金融创新，大力建设低碳银行，追求可持续协调发展。

（一）责任治理

浦发银行企业社会责任工作由品牌管理领导小组负责牵头，负责公司企业社会责任管理工作的统筹、部署、推进、控制和监督。下设品牌管理领导小组办公室，负责日常管理工作。总行各部门、各分行实施具体工作。重大事项提交行长办公会议和董事会决策。形成有牵头、有配合、有分工、有合作，组织架构清晰、职责定位明确的企业社会责任工作管理架构。

（二）议题分析

为了进一步提升报告的针对性与回应性，2015 年，浦发银行采用 G4 中实质性议题识别框架，依据"识别相关事项、确定优先级别、批准报告内容和回顾"四个步骤，分析比较不同社会责任议题对利益相关方和公司自身可持续发展的重要性，识别确定出需要在报告中重点披露和在公司战略制定中需要重点考量的社会责任实质性议题。

---

①　见《上海浦东发展银行股份有限公司 2015 年企业社会责任报告》。

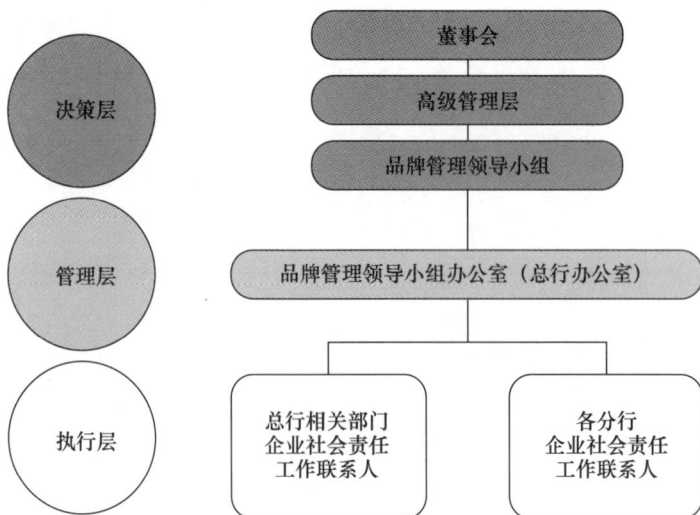

图 13 - 8　浦发银行社会责任管理架构

识别阶段：通过梳理国际标准要求和浦发银行实践，结合浦发银行在2015 年与各利益相关方的沟通成果，共确定 25 项议题。

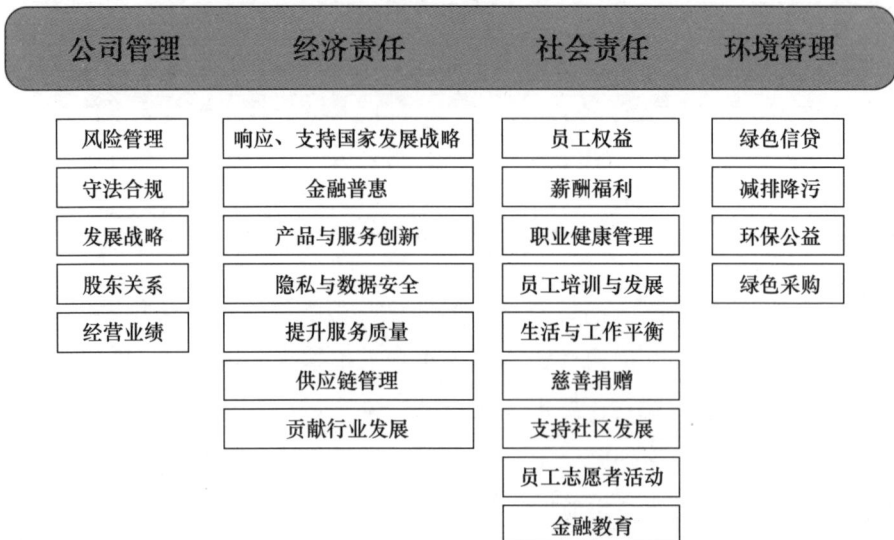

图 13 - 9　浦发银行实质性议题池

评估、筛选阶段：针对 25 项议题开展内外部利益相关方专项调查，通过在线问卷方式，邀请客户、股东、员工、政府、合作伙伴、媒体、社区 7 类利益相关方反馈各议题对其重要程度（共计回收有效问卷 703 份），确定了 25 项议题对利益相关方的重要程度排序。

同时，在浦发银行内部评估 25 项议题对浦发银行可持续发展的重要程度（综合公司 39 位中高层管理人员意见），结合利益相关方打分情况，形成实质性议题矩阵。

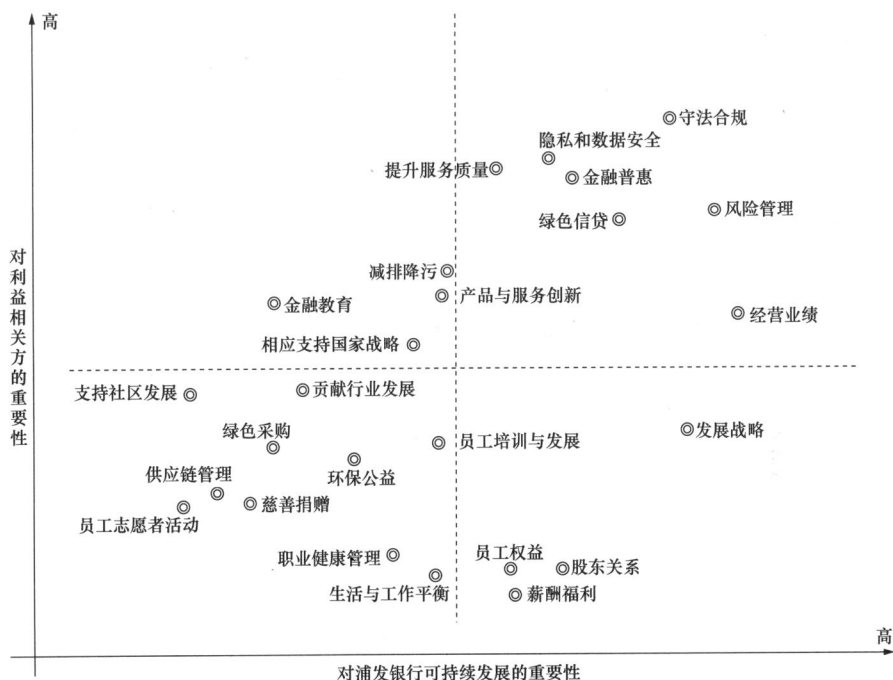

图 13 - 10　浦发银行实质性议题分析

审核阶段：由品牌管理领导小组牵头组织内部审核，由报告第三方开展审验，外部专业机构参与审核。

回顾阶段：通过实质性议题分析，设立新的绩效管理目标，启动新项目或制定新政策，持续开展利益相关方沟通与关系管理。

四、中国太保：深化 CSR 管理，助力可持续发展①

太平洋保险的使命是"做一家负责任的保险公司"，通过专注保险主业，将经营发展与经济、社会、环境的可持续发展紧密连接。董事会及高级管理层高度关注社会责任议题，并在内外部积极开展社会责任议题沟通。公司战略企划部、风险管理部等相关部门定期跟踪和收集国家宏观政策，对重要趋势进行分析与预估，供董事会及高级管理层参考。

（一）责任治理

太平洋保险建立了覆盖"决策、组织、实施"三个层级的企业社会责任管理体系（见表 13 – 1），依据集团社会责任工作的战略导向和履责重点，制订实施策略和推进计划，并推动各个职能部门和运营实体将相关工作整合融入其日常运营中，如表 13 – 2 所示。

表 13 – 1　社会责任管理体系

决策层	集团董事会、监事会、经营管理委员会参与社会责任重大事项的审议与决策，包括相关战略与方针制定，对年度 CSR 报告、CSR 实践项目等进行审议
组织层	集团品牌建设部设立 CSR 管理团队，负责协调 CSR 日常管理工作，包括编制年度 CSR 报告、组织开展培训宣导、CSR 绩效指标收集、优秀 CSR 实践案例征集与分享及 CSR 实践活动的策划
实施层	集团及各专业子公司的职能部门与业务部门负责各项 CSR 议题的归口管理，定期报送相关管理举措、绩效指标及优秀案例；各分公司品牌建设条线负责其所在地区的 CSR 推进工作，并组织开展各类 CSR 活动

表 13 – 2　社会责任管理机制

计划	识别关键 CSR 议题、风险、机遇及影响范围，设定 CSR 管理目标，并规划 CSR 实践
执行	采取行动，并在行动中主动考虑对利益相关方的影响，实施行动以回应和满足相关方期望
评估	根据运营关键指标，监督并评估业务及 CSR 活动的影响和成效，并融入 CSR 管理中
回顾	定期回顾和更新设定的计划、目标和行动，进行相应改进，对工作团队及各职能部门开展能力提升建设

---

① 见《中国太平洋保险（集团）股份有限公司 2015 年企业社会责任报告》。

2015 年，太平洋保险在集团范围内建立了企业社会责任管理网络，将各个职能部门、子公司及二级机构的 CSR 专责人员予以明确，并协助新增子公司太保养老投资、太保安联、安信农保设立了相关职能及指标收集体系。2015 年 8 月，太平洋保险邀请企业社会责任领域专家举办了首次全系统范围内的 CSR 专项培训会，集团及各子公司、二级机构的共 70 余名 CSR 专责人员通过现场、视频会议的形式参与了培训。

太平洋保险进一步深化了 CSR 对标管理工作，将入选"道琼斯可持续发展指数（DJSI）"作为标杆企业的筛选标准，并从与保险行业紧密相关的 10 项 CSR 议题上寻找国际保险业的优秀实践。针对联合国于 2012 年推出的《可持续保险原则》（PSI），太平洋保险在本年度的对标中进行了分析和解读，并计划在未来强化对相关内容的管理和实践。

（二）议题分析

识别与筛选：2015 年，太平洋保险结合国际最新报告标准，开展大量前期研究，全面评估了各项议题对利益相关方和太平洋保险的影响程度，并由此确定了对经济、环境和社会产生重大影响的实质性议题，如表 13 – 3 所示。

表 13 – 3　实质性议题

政策与行业热点分析	深度解读国家宏观政策及"新国十条"等行业热点内容，明确行业政策导向与战略性发展机遇
国际标准分析	梳理分析 GRI G4、港交所 ESG 披露指引，明确企业社会责任管理和信息披露的要求与重点内容
同行企业对标	从 CSR 战略与管理、特色实践、信息披露等维度，对标 6 家知名金融保险企业，了解同业关注议题与特色实践内容
公司战略分析	分析公司战略与实践重点，识别与中国太保密切相关的经济、社会和环境议题
利益相关方参与	在"7·8 保险公众宣传日"面向消费者开展 CSR 调查，了解他们对公司 CSR 履责的感知及对相关议题的期许；广泛收集网络资讯，了解媒体、研究机构、非政府组织等对保险业履责的观点及评论；征询业界专家对实质性议题识别的建议和意见

重要性评估与排序：通过在线调研平台邀请利益相关方对议题的重要性程度进行评价，并邀请内部 CSR 专责人员评估议题对太平洋保险的重要性程度，获得议题实质性的二维评价，并对实质性议题进行初步排序。

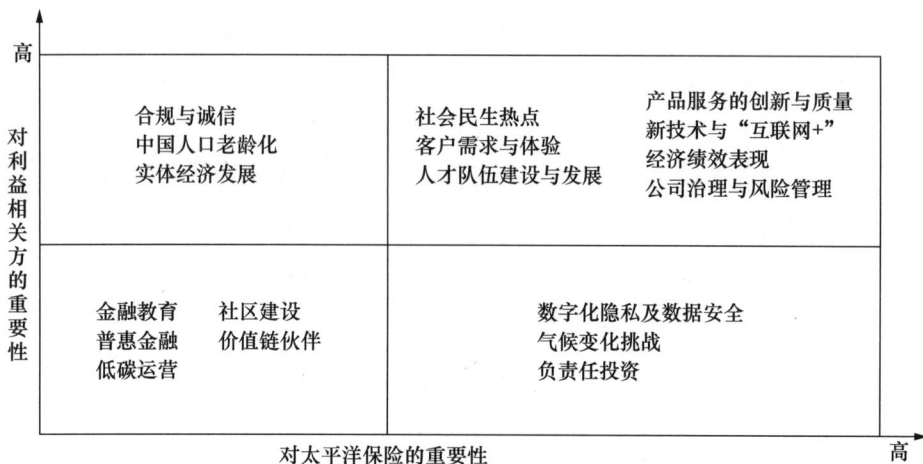

图 13-11　太平洋保险实质性议题分析

五、复星医药：秉持责任理念，确保相关方满意①

复星医药秉持"修身、齐家、立业、助天下"的企业精神，在企业的经营发展过程中，始终怀着感恩的心，努力做一个让社会、政府、员工、股东等利益相关方满意的企业。复星医药集团建立了完善的社会责任管理体系，指导和统筹本集团成员企业在可持续发展方方面面的实践行动，并通过完善的指标考核体系推进 CSR 管理的落实。

（一）责任治理

复星医药成立社会责任领导小组和工作小组，由总裁担任领导小组组长，每年更新任命名单，负责本集团社会责任管理体系运行。本集团通过社会责任架构的顺畅运作，加强监督管理，持续改进企业社会责任建设。

---

①　见《上海复星医药（集团）股份有限公司 2015 年企业社会责任报告》。

复星医药社会责任工作小组负责公司社会责任可持续发展的推进。2015年工作小组任命35人，涵盖EHS、人力资源、质量、集中采购等各个关键职能，指导与实践复星医药集团的社会责任事务，并通过完善考核指标保障社会责任工作的进一步落实。每年定期召开会议，落实社会责任具体工作。

为了更好地向社会各界展现公司在企业社会责任方面的实践与发展，本公司从2008年起每年编制企业社会责任报告，由品牌与公众传播部为牵头协同部门和报告编制部门，工作小组全员积极参与、协同完善。

复星医药建立了完善的社会责任管理流程，从战略规划的制订，到具体事务的实施，此管理流程保证了公司社会责任工作的具体落实，并不断推进社会责任实践。

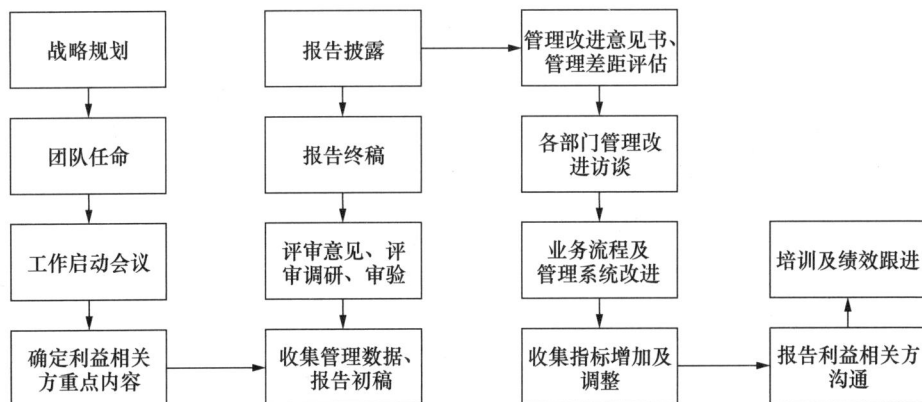

图13－12 复星医药社会责任管理流程

（二）责任沟通

复星医药为股东、合作伙伴、员工、客户与消费者、公众等利益相关方搭建了完善的沟通平台，建立了利益相关方关切的政策，通过不同的机制使利益相关方与复星医药进行有效的沟通与反馈，帮助其深入透视公司的企业社会责任实践活动。通过有效沟通，复星医药积极并及时地对各利益相关方的关切问题进行回应，并以此不断提升公司内部管理。

案例：完善客户服务，提升客户满意度

复星医药集团制药成员企业全年积极开展各类客户培训会及学术会议，如全国精神科年会、全国精神科医师年会、省级会议、全国药品交易会、学术沙龙等。通过多种形式的学术推广提升了客户及医生对产品的认知，为安全合理使用产品奠定基础。

复星医药营销服务人员定期拜访客户，并提供产品信息；定期对客户进行产品培训，并建立定期的服务巡回机制，积极、主动地走访客户提供服务支持；建立全国服务热线，为客户提供24小时免费电话服务。

2015年复星医药集团各制药成员企业均开展客户满意度调查，企业客户满意度均在92%以上，医学诊断成员企业2015年针对经销商及医院客户共发放客户满意度调查200多次。

第十四章

投资者关系管理

投资者关系管理是指上市公司通过组织各种方式的投资者关系活动，加强与投资者和潜在投资者之间的沟通，增进投资者对上市公司了解度的管理行为。由于上市公司与投资者之间存在信息不对称，投资者尤其是中小股东，往往处于劣势，其权益往往受到侵害，因此沪深证券交易所分别出台了《关于进一步加强上市公司投资者关系管理工作的通知》与《上市公司投资者关系管理指引》，对上市公司投资者关系管理均做出了明确规定。

根据中国证监会和沪深证券交易所对上市公司投资者权益保护、投资者关系管理等方面所做的相关规定和措施，同时考虑到当前上海市上市公司的发展阶段，投资者关系管理的主要指标包括股东参与企业治理的政策和机制、确保股东合理回报的体制和机制、规范信息披露、中小股东权益的保护与救济等。本次研究对 222 家上海上市公司的投资者管理表现进行分析，上海国际港务（集团）股份有限公司、上海汽车集团股份有限公司、上海外高桥集团股份有限公司、东方证券股份有限公司、宝山钢铁股份有限公司 5 家企业在投资者关系管理表现较为优秀。

一、上港集团：完善公司治理，注重社会回报[①]

上海国际港务（集团）股份有限公司坚持依法治企，严格按照《中华人民共和国公司法》、《中华人民共和国证券法》、《上市公司治理准则》和中国证监会有关法律法规的要求，不断规范治理架构，严格经营运作，以充分透

[①] 见《上海国际港务（集团）股份有限公司 2015 年企业社会责任报告》。

明的信息披露、良好互动的投资者关系、严格有效的内部控制体系，诚信经营，建立了较为完善的法人治理结构和公司治理制度。

（一）加强投资者关系管理

股东、投资者（包括潜在投资者）是上海国际港务（集团）股份有限公司的重要利益相关方，公司通过多种方式持续加强投资者关系管理。2015 年，公司共接待机构投资者、分析师等 35 批次，超过 185 人次的来访；其中，共接待投资者 101 人次来访，安排码头参观 6 批次，参观人数达到 82 人次；处理投资者邮件 23 封；参加 1 次投资者会议和论坛，与 5 家投资者进行了会议交流。

信息披露是投资者共同关注的重点，公司自上市以来一直高度重视信息披露工作，制定了《上港集团信息披露事务管理制度》，严格规范公司信息披露事宜，力求信息披露的真实、及时、完整、准确、公平，为投资者创造了解公司整体状况的便利条件，在资本市场树立良好的品牌形象。2015 年，公司完成并披露了定期报告 4 份，临时公告 53 份，且全年未发生信息披露差错，切实履行了上市公司的信息披露义务。

（二）注重股东回报

公司注重股东回报，以良好、稳定的业绩为基石，实施高现金分红的股利政策，使投资者共享企业发展的成果。自 2006 年上市以来，公司一直坚持高现金分红，至 2014 年已累计分红达到 220.80 亿元（含税）。2015 年，公司的利润分配方案为：每 10 股派发现金红利 1.54 元（含税），共分配利润35.69 亿元（2015 年利润分配方案尚待 2015 年股东大会审议通过）。

（三）每股社会贡献值

为全面、准确地衡量公司的社会责任贡献价值，上港集团根据上交所2008 年 5 月 14 日发布的《关于加强上市公司社会责任承担工作暨发布〈上海证券交易所上市公司环境信息披露指引〉的通知》中提出以"每股社会贡献值"进行计算。即在公司为股东创造的基本每股收益的基础上，增加公司年内为国家创造的税收、向员工支付的工资、向银行等债权人给付的借款利息、公司对外捐赠等为其他利益相关方创造的价值额，并扣除公司因环境污染等造成的其他社会成本。2015 年，上港集团社会贡献值总额为 165.76 亿元，每股社会贡献值为 0.7153 元。

表 14 - 1 上港集团 2013～2015 年社会贡献值

年份	2015	2014	2013
社会贡献值总额（亿元）	165.76	152.48	133.52
每股社会贡献值（元/股）	0.7153	0.6701	0.5780

二、上汽集团：受投资者尊重的上市公司①

上海汽车集团股份有限公司（股票简称"上汽集团"，股票代码为 600104）是国内 A 股市场最大的汽车上市公司，主要业务涵盖整车（包括乘用车、商用车）、零部件（包括发动机、变速箱、动力传动、底盘、内外饰、电子电器等）的研发、生产、销售，物流、电商商务、进出口等汽车服务贸易业务，以及汽车金融业务。2015 年，面对跌宕起伏的国内汽车市场形势，全年上汽集团整车销量达到 590.2 万辆，同比增长 5%，增速高于市场平均水平 0.8 个百分点；整车国内市场占有率达到 23.2%，比 2014 年增加了 0.2 个百分点；公司营业收入、利润同比增长均超过 6%，经济运行质量得到进一步提高，国内市场领先优势得到进一步巩固。

（一）加强投资者关系管理

作为"沪深 300"、"上证 50"、"沪股通"等重要指数样本股，上汽集团经营稳健、治理规范，一直以来受到广大机构投资者包括国际投资者，以及中小投资者的高度关注。报告期内，公司继续围绕"答投资者所关心、解投资者所担心、树投资者之信心"的工作宗旨，有效合规、积极主动地开展投资者关系管理工作。全年公司共接待 227 家投资机构、1409 人次来访，接听咨询电话 800 余个，参加券商组织的投资者交流会 42 场，接待人数创历年之最；在年报、半年报公告后，公司召开业绩交流会，两次参会人数达到 400

---

① 见《上海汽车集团股份有限公司 2015 年企业社会责任报告》。

人次，帮助投资者及时、准确了解公司经营业绩，并及时回答投资者关心的热点问题。

2015年11月，公司发布非公开发行A股股票预案后，为加深投资者对于募投项目的理解，更好地宣传创新转型的举措，公司积极开展投资者交流活动，邀请26位国内外机构投资者参加安悦充电科技公司的揭幕仪式，开展新能源汽车专题交流会；在广州车展期间举办4场投资者交流会，与47名机构投资者进行现场交流。

（二）注重股东回报

公司于2015年7月22日通过中国证券登记结算有限责任公司上海分公司，以公司总股本110.26亿股为基准，每10股派送现金红利13元（含税），共计发放现金红利约人民币143.33亿元。公司近三年共向股东派发现金红利约人民币341.79亿元。2015年，上汽集团被中国上市公司协会和中国证券投资者保护基金公司评为"2015中国最受投资者尊重的百家上市公司"。

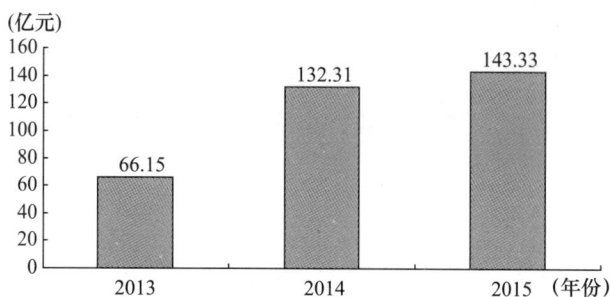

图14-1　上海上汽集团近三年公司现金分红情况

三、外高桥：透明运营，保障中小股东权益[①]

上海外高桥集团股份有限公司前身为"上海外高桥保税区开发股份有限

---

① 见《上海外高桥集团股份有限公司2015年企业社会责任报告》。

公司"，是在国务院批准设立外高桥保税区的背景下，由上海外高桥保税区开发公司改制设立而成。公司于 1992 年 5 月公开发行境内上市内资股（A 股，股票代码 600648），1993 年 7 月发行境内上市外资股（B 股，股票代码 900912），2015 年 8 月正式更名为"上海外高桥集团股份有限公司"。2015 年，公司实现进出口贸易总额约 23 亿美元，进出口贸易物流客户约 2300 家；拥有物业地上计容面积约 450 万平方米，拥有土地储备可建物业规划设计容面积约 245 万平方米。

（一）透明运营

2015 年，公司本着"公开、公平、公正"的原则，及时、准确、全面地履行信息披露义务，共对外披露 111 份公告，切实保证了中小股东的知情权；公司对物业及土地储备情况，按厂房仓库、商业办公、住宅、酒店、土地进行了分类统计，按照监管要求及时在年度报告中披露了物业的"在营、在建、储备"基本情况。为确保对外信息披露工作的真实性、准确性与及时性，公司建立信息披露联络专员制度，理顺系统内部信息收集和信息上报的渠道，提高了信息披露工作的质量。2015 年 4 月，本公司年度信息披露工作被上海证券交易所评定为"信息披露优秀 A 类公司"。

（二）投资者关系

公司始终以对全体股东负责为己任，严格根据《公司法》、《证券法》和《上市公司治理准则》等法规要求，积极推动公司治理结构优化，规范公司运作，形成股东大会、董事会、监事会、经营层各负其责、有效制衡的运作机制。股东大会是公司的最高权力机构。公司充分保障中小股东的合法权益，股东大会均采用中小投资者单独计票，审议关联事项时，关联股东均回避表决。2015 年，公司共召开 3 次股东大会，审议通过 20 项重大议案，决议内容均得到了有效执行。

公司和投资者保持良好沟通，年内接待投资者共约 20 次；通过组织投资交流会，接待约 40 家机构的调研，对投资者提出的国资国企改革进展情况、自贸区功能创新、上海自贸区国际艺术品交易中心等相关问题进行了解答，并及时以投资者交流记录的形式发布在上海证券交易所的"上证 e 互动平台"上。

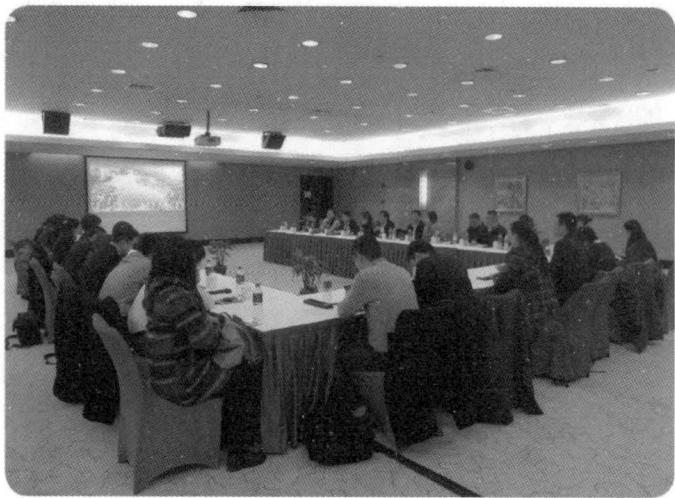

图 14 - 2　上海外高桥公司投资者交流会

四、东方证券：上市发展，转型升级①

2015 年是东方证券全面深化改革的关键之年。公司于 2015 年 3 月 23 日成功上市，进入"上市发展、创新转型和跻身国内一流投行"三期叠加的关键时期，制定了《2015～2017 年公司战略规划》。

东方证券顺应向上市公司的转变，完善规范运作、信息披露以及投资者关系管理等工作，同时不断提升经营管理水平和盈利能力，逐步构建和完善与现代投资银行经营管理相适应的风控系统，以优异的业绩回报投资者、回馈社会。

（一）加强投资者关系管理

东方证券秉持着和谐共赢的核心价值观，重视听取股东和投资者意见，希望通过交流互动让投资者更加全面、深入地认识和了解东方证券，通过各方协作、相互服务，共同助力公司发展。公司通过买方调研活动和机构投资者进行沟通，2015 年共组织调研 7 次。我们关注中小股东和投资者的需求，

---

① 见《东方证券股份有限公司 2015 年企业社会责任报告》。

通过投资者专设电话、邮箱、及时准确的信息披露、上证 e 互动网上平台等渠道沟通，解决中小投资者的问题，听取他们的意见。

案例："我是股东" 投资者见面会成功举行

为了树立积极主动、和谐稳定的投资者关系管理意识，了解股东尤其是中小股东的诉求，切实维护投资者的合法权益，2015 年 3 月 23 日公司上市的当天下午，我们在上交所举办了 "我是股东" ——中小投资者走进上市公司活动 2015 年第一站，为加强投资者关系管理工作拉开序幕。20 余名投资者亲眼见证了东方证券登录资本市场的重要时刻，并与公司高管进行了面对面的交流，加深了相互了解。

（二）回报社会

回报股东：为持续回报股东，与全体股东共同分享公司经营成果，并增加公司股票的流动性，东方证券于 2015 年实行中期利润分配，并由股东大会审议通过。共计分配现金股利 528174292.10 元，占母公司 2015 年 1~6 月可供分配利润的 17.39%，占归属于母公司股东净利润的 8.99%。

社会贡献值：每股社会贡献值全面地反映了公司为股东、员工、客户、债权人、社区以及整个社会所创造的真正价值，是公司履行社会责任的重要考核指标。公司参考上海证券交易所《关于加强上市公司社会责任承担工作暨发布〈上海证券交易所上市公司环境信息披露指引〉的通知》要求，经计算，2015 年公司每股社会贡献值为 3.52 元。

五、宝钢股份：关注投资者需求，实现共享价值[①]

宝山钢铁股份有限公司以"真诚、友爱、创造力"为核心价值观，致力于构筑所有利益相关方的共享价值，并以此不断提升公司的品牌价值。2015年，公司法人口径实现净利润 33.27 亿元。为实现公司长期、持续的发展目标，更好回报投资者，根据公司章程规定，按照 2015 年法人口径实现净利润的 10% 提取法定公积金 3.33 亿元；按照 2015 年法人口径实现净利润的 10% 提取任意公积金 3.33 亿元；鉴于公司 2015 年合并报表归属于母公司股东净利润大幅下降，为了维护公司一贯重视回报股东，秉承长期现金分红的原则，公司拟向在派息公告中确认的股权登记日在册的全体股东派发现金股利 0.06 元/股（含税），约占合并报表归属于母公司股东净利润的 97.55%。

（一）加强投资者关系管理

2015 年，公司在投资者关系工作中的付出和努力赢得了资本市场广泛认可。公司不仅拥有业内机构分析师最高的关注度和最佳评级，投资者关系工作也赢得了社会各界的肯定。公司连续两年获选证券时报主办的"最受投资者欢迎上市公司网站"，连续获评最受投资者尊重的百强上市公司，并获得世界知名杂志 IRMagazine 评选的材料行业最佳投资者关系奖和卓越投资者关系管理证书。

案例：响应投资人需求，传递公司价值

2015 年，钢铁行业深处寒冬历练之中，而资本市场也经历了冰火两重天。公司始终以积极、坦诚的态度面对资本市场，深入研究行业机会，以专业视角进行分析解读，及时客观地分享专业观点传递价值资讯。公司共接待前来调研的机构投资人共 66 批，375 人次，安排投资人厂区参观 11 批，187 人次；

[①] 见《宝山钢铁股份有限公司 2015 年企业社会责任报告》。

召开电话会议 13 场。公司选择性地参加了国内外投行举办的投资峰会及策略分析会 16 场，期间召开了 69 场一对一会议和小组会议。此外，公司还与广东广播电视台《投资快报》组织的中小投资者，以及纽约大学、柏林大学等高校师生进行了交流，对公司价值进行大力宣传推介。

公司把握"互联网＋"、智慧制造、供给侧改革等机会，积极、主动地向资本市场积极传递公司价值资讯。2015 年公司先后在深圳、湛江召开了年度（半年度）业绩发布会、举办了 4 场网上路演；围绕着湛江工程建设、电商业务拓展、智慧工厂建设等主题，全面展示公司不断夯实主业竞争力，并由制造向服务转型发展的战略举措，打造公司良好的资本市场形象。

（二）信息披露

为确保信息披露公平、高效，公司大力推进网络平台建设。通过多年来持续调整和改进，公司投资者关系网页结构完整，内容翔实。公司充分利用网络渠道：将公司年报、公司实录、公司公告、定期报告以及业绩说明会回放和 PPT 材料等上传至公司投资者关系专栏，供投资人浏览下载；对于订阅公司信息的投资者，公司通过邮件发送电子周刊版《钢铁信息摘编》，包括每周行业和公司重大新闻，和每周行业数据更新；面对国际投资人，公司编制并发送面向海外投资人的英文电子月刊（Information Express）。

随着新媒体方式的兴起与普及，公司积极通过微信公众号及微信交流群与投资人建立紧密联系，保持良好互动沟通，及时分享公司投资价值。相比传统媒体以及电话会等交流方式，新媒体帮助公司及时、有效地传递了动态资讯和投资价值，并为投资人带来更好的体验感和互动性。经过新媒体平台的运作，公司进一步加深了与资本市场的联系与互动。

| 第十五章 |
供应链管理

供应链管理（Supply Chain Management，SCM）是一种系统化、集成化、敏捷化的先进管理模式。供应链责任管理要求企业重述内部治理结构和管理程序，调整采购行为策略，识别其价值链上的合作伙伴以及企业对价值链伙伴的影响，鼓励与倡导供应商、制造商等价值链合作伙伴遵守社会责任有关法律法规和准则倡议，并促使其实施有效的管理方案以使其行为系统化。

供应链管理主要指标包括识别并描述企业的价值链、企业在促进价值链履行社会责任方面的倡议和政策、企业对价值链成员进行的社会责任教育、培训、公司责任采购的制度及方针等。通过以上述指标为基础进行分析，中国东方航空集团公司、中国石化上海石油化工股份有限公司、中国联合网络通信股份有限公司、上海氯碱化工股份有限公司、中海发展股份有限公司5家企业的供应链管理表现较为优秀。

一、东方航空：打造互利共赢的责任圈①

东航公司认为，公司的长远发展有赖于稳定、可持续的供应链。东航本着互利共赢的理念，加强供应商的责任管理，持续提升供应商的可持续发展能力，与供应商建立更为紧密的合作关系。2015年，公司在上海、北京、西安和昆明4个重要枢纽运营点的主要采购均来自于当地供应商。报告期内，公司未发现在环境、员工、社会方面存在重大负面情况的供应商。

（一）打造责任供应链

2015年，东航公司完善采购行为管理制度，内容涵盖管理规定、操作流

---

① 见《中国东方航空集团公司2015年企业社会责任报告》。

程、管理细则和工作指引四大类，形成较为完善的采购领域制度框架。公司利用采购管理系统，从"人员"、"系统"、"技能"、"规章制度"、"内控与审计"五个方面加强采购风险管控，建立采购中心的风险内控手册，梳理关键风险点及管控措施。

东航要求合作供应商签署《供应商社会责任承诺书》、《供应商廉洁承诺书》等，对供应商在遵守法律法规，恪守商业道德，合法聘用员工及杜绝童工、杜绝强制劳动，尊重人权及反对歧视，注重环境保护，开展公益活动等方面均做出具体规定，要求供应商承诺其产品和运营过程对环境和社会无负面影响。

（二）供应商培训

东航持续为供应商，尤其是规模较小供应商的发展提供有力支持，帮助对方健康、稳定、可持续地发展。对于通过准入筛选的新供应商，公司均会进行考察，以确认供应商产品质量、合规等方面的情况；对于已开展合作的供应商，东航建立长期沟通机制，定期对重要供货商进行会面和沟通；同时，通过对供应商供货质量、响应时间、流程规范等方面进行监督管理，提升供应商发展水平。对于发生产品质量等问题的供应商，公司注重督促对方整改，并视整改结果决定恢复对方准供应商身份或是解除合同关系。合作满一年的供应商，公司均会对其进行审计。

利益相关方声音

我们民康是一家小企业，东航的支持和帮助对我们企业的发展起到了重要作用。有了东航第一家采用我们的产品，其他公司才相信我们，跟我们合作。合作八年来，从东航上海总部的采购中心到各分公司，无论是领导还是员工对我们都很热情，让我们感觉很温暖，我们也努力用高质量的产品和服务来回报这份信任。可以说，没有东航就没有民康的今天。

——供应商　绍兴民康消毒用品有限公司董事长　梁荣康

二、上海石化：CSR 理念融入供应链管理①

中国石化上海石油化工股份有限公司秉承"严谨求实，协作共赢"的供应链管理理念，优化供应商结构、从严采购管控、创新仓库管理模式、增强供应链企业 HSE 意识，实现供应链全过程动态管理，同时在同等条件下优先选择本地供应商供货，为周边社区的企业创造机会。

(一) 推动供应商履责

中国石化上海石油化工股份有限公司将企业社会责任融入日常生产经营，并通过战略决策和业务培训等方式，指导公司及下属公司履行企业社会责任，重视安全环保、员工发展与社会公益。同时，通过绿色供应链管理，将企业社会责任理念传递给供应商。

2015 年，公司组织召开承包商、危险化学品供应商、承运商座谈会，切实要求合作伙伴加强员工的 HSE 培训工作，组织员工认真学习新出台的《安全生产法》、《环境保护法》及公司的各项管理规章制度，进一步规范承包商管理，提高物资采购供应链风险管控意识。

2015 年，公司绿色采购金额占比为 100%，采购合同履约率为 100%，供应商通过 ISO14000 环境管理体系认证比例为 34%。

(二) 责任采购

中国石化上海石油化工股份有限公司创新供应商管理模式，对千家供应商进行品类管理和星级评价，根据动态量化考评结果，每半年动态调整供应商级别，优化供应商结构。

2015 年，公司修订了《上海石化物资采购管理办法》等八项物资供应制度，按照"应招必招"、"能招则招"的原则进行公开招标，杜绝"应招未招"现象。严格按照标准采购合同中 HSE 要求筛选供应商。借助现场查验、座谈会、微信群等多种形式，与相关职能部门、用户单位共享采购信息。

---

① 见《中国石化上海石油化工股份有限公司 2015 年企业社会责任报告》。

三、中国联通：推动海内外供应商履责①

中国联合网络通信股份有限公司以"创新改变世界"为理念。作为创新精神的倡导者，中国联通始终走在时代之前，以领先的通信技术描绘未来通信生活的蓝图，以基于全业务的运营体系畅想综合信息服务的宏大远景，以勤奋不辍的开拓精神在进取中思考明天，实践创想。

打造海外责任形象

为充分整合境内外资源，打造全球统一的产品中心、交付中心、维护中心和客服中心，提升中国联通在全球市场的服务能力，2015 年，中国联通以香港运营公司为基础，整合海外运营公司和办事机构，成立中国联通国际有限公司（以下简称"国际公司"）。国际公司积极实践国家"一带一路"战略，勇于担任"组织者"、"设计者"、"实施者"和"服务者"的角色，充分把握区域内的市场机遇，加速境外资源布局；创新产品应用，打造差异化的产品和服务能力；提升一体化支撑能力，打造领先的运营水平。

在供应商选择方面，各海外机构广泛开展本地化采购，选择本地具有竞争力的、具备社会责任感的合作伙伴开展合作。其中缅甸公司 2015 年开展的项目 100% 本地化采购，欧洲公司除本地无法解决的产品，实现 100% 本地采购，新加坡公司设备电路本地化采购率达到 80%。欧洲公司在采购过程中，选择与中国联通有同样企业价值观及社会责任感的供应商合作，结合供应商的用工情况、产品安全、环保等因素综合考虑合作决定。新加坡公司选择切实履行社会责任的供应商进行合作，包括遵守法律、承诺廉洁经营、尊重保护知识财产权、公平交易、规范广告及竞争、遵守工资福利规定等。

2015 年 9 月 23 日，由国务院新闻办指导，中国外文局主办，中国报道杂志社承办的 2015 中国企业海外形象高峰论坛在北京召开。本届论坛主题为"'一带一路'上的企业形象建设"。中国联通荣获本次论坛"最佳海外形象奖"。

---

① 见《中国联合网络通信股份有限公司 2015 年企业社会责任报告》。

四、氯碱化工：公开透明，推行责任交易[①]

上海氯碱化工股份有限公司将社会责任的理念和要求全面融入采购全过程中，进而保证公司所采购的产品和服务是负责任的，降低供应链责任风险，同时也确保负责任的采购交易行为。

（一）严格供应商管理

2015年，上海氯碱化工股份有限公司对《供应商管理细则》、《采购执行管理办法》等制度进行了重新修订和完善，对供应商的资格审查、年度考核、退出机制等做出明确规定。根据物料重要及风险程度和供需关系强弱等原则，将供应商分为战略供应商、主力供应商、重点供应商和一般供应商四类，定期对供应商进行绩效考核，并在公司信息平台上及时更新考评结果，建立守信褒扬和失信惩戒机制。

2015年重点对供应商和承包商进行了复审工作，只有通过审核与评估，才能与公司建立合作伙伴关系。公司收集和梳理了供应商资质和资料，明确了合格供应商必须具备的如产品质量、交货时间、职业健康与安全、环境保护、消费者权益和商业伦理（特别是需要强制认证的）等要求，目的是希望供应商也能承担相应的社会责任，提升整个供应链的竞争力。

（二）推行绿色采购

上海氯碱化工股份有限公司本着"互惠互利、共同发展、保护环境、追求本质安全"的原则，与所有原料以及化学品供应商签订了《供应商安全环境管理协议书》，签订主要原料长期框架采购合同73份，同时，每月两次对原料运输进行安全环保检查，以确保供应商提供的产品在生产过程中减少对环境的污染，并确保产品安全有效。

（三）推行"三公"交易

上海氯碱化工股份有限公司遵循"公开、公平、公正"的原则，并依据诚实守信的基本原则与供应商进行签约和履行，建立"阳光采购"业务流程，设立网上采购平台，推行网上竞价机制，供应商可以通过网络随时了解公司

[①] 见《上海氯碱化工股份有限公司2015年企业社会责任报告》。

的采购需求信息，参与网上报价和竞价。向部分重点供应商发放《企业社会责任报告》，不定期向供应商进行意见征询，在有需要的情况下进行社会责任指导。

五、中海发展：供应商"黑名单"管理机制[①]

中海发展股份有限公司成立于1994年5月3日，是一家跨地区、跨国界经营的大型航运企业，现注册资本为40.32亿元，注册地位于中国（上海）自由贸易试验区，公司总部位于上海北外滩的上海港国际客运中心，为远东地区拥有最大油船、干散货船的航运企业之一。

（一）廉洁供应链管理

中海发展加强与行业伙伴之间的沟通交流，共享自身发展经验，并坚持负责任的采购，提升供应商的履责水平，努力与行业伙伴建立和谐关系，共同成长、共赢未来。

中海发展构建廉洁风险防控长效机制，严格执行"三重一大"决策相关各项制度规定，广泛开展廉洁教育专题活动，筑牢廉洁从业基础。中海散运强化责任落实，规范流程管理，提高公开透明度，建立健全廉洁防控相关制度21项，不断完善"不敢腐、不能腐、不想腐"机制建设；中海油运进一步规范货运代理业务，完善供应商的准入、评估体系，建立健全了供应商"黑名单"管理机制，在重要业务领域的关键控制环节采取更为有效的廉洁风险防控措施。

（二）绿色供应链管理

中海发展坚持公平、透明的采购原则，重视供应商对环境、社会产生的影响，提高供应商社会责任管理的意识与能力，逐步完善供应商管理体系。中海油运通过《采购、外包和供应商管理程序》规范公司采购、外包业务管理程序和对供应商的控制流程，规范供应商的准入、选用、评估、淘汰等机制，对供应商提出安全、环保、职业健康、能源管理等方面的具体要求。

---

① 见《中海发展股份有限公司2015年企业社会责任报告》。

第十六章

客户责任

客户是公司重要的利益相关方之一，良好的客户关系是企业实现可持续发展的基础。客户责任主要包括保护客户基本权益、促进科技创新、生产优质产品、提供良好服务、创造客户价值以及提升客户满意度等内容。

本研究中，涉及客户责任的主要指标有：客户关系管理体系、产品知识普及或客户培训、客户信息保护、售后服务体系、积极应对客户投诉、客户满意度调查、产品质量管理体系及认证、产品召回与补偿等。以上述指标为基础进行分析，上海复星医药（集团）股份有限公司、中国东方航空集团公司、上海浦东发展银行股份有限公司、中国太平洋保险（集团）股份有限公司、光明乳业股份有限公司5家企业，明确服务理念，创新服务方式，提升服务质量，打造优质服务品牌，积极开展与客户的沟通交流，将客户的权益摆在优先位置，追求客户满意，在履行客户责任方面表现卓越。

一、复星医药：强化质量体系建设，提供优质高效产品[①]

质量安全是复星医药集团刻在岩石上的不变目标。从新药研发、原料采购、药品与医疗产品制造、销售到医疗服务，复星医药集团不断改进技术、改善生产工艺流程，延长药品生命周期、降低成本，为民众提供更为安全、便利、有效的药品，高效和人性化的服务。

（一）质量体系建设及认证

复星医药以"尊重生命、质量为先、精益求精、追求卓越"为质量方针，

---

① 见《上海复星医药（集团）股份有限公司2015年企业社会责任报告》。

制定《上海复星医药（集团）股份有限公司（药品制造）质量手册》以规范和完善制药企业质量管理体系。为进一步促进成员企业提升质量管理水平，2015 年，复星医药起草和颁布了十部与质量手册配套的指南文件（《厂房》、《人员》、《文件》、《物料》、《质量管理》、《设施和设备》、《实验室质量控制》、《包装》、《验证和确认》、《生产管理》），为成员企业质量改进提供技术指南。

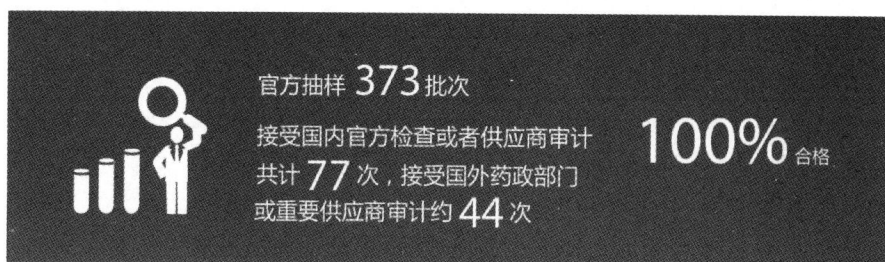

图 16 - 1　复星医药接受内外部检查或供应商审计情况

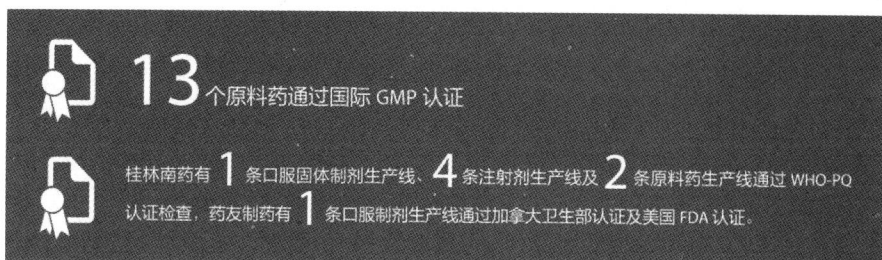

图 16 - 2　复星医药质量体系认证结果

（二）医药产品安全机制

复星医药集团关注产品整个生命周期内的质量风险管理，在产品研发、技术转移、生产制造、市场销售等各环节，制定了严格的质量安全管理机制，以确保药品与医疗产品在研发、生产、销售、召回或退市的整个过程中的安全保障。同时，复星医药高度重视患者的用药安全，注重药品不良反应的严密监测和数据上报，严格执行《药品不良反应报告和监测管理制度》，2015

年因药品质量缺陷导致的群体不良反应事件为零。

（三）营销合规

复星医药集团成员企业在产品及服务标示、市场宣传、市场推广等方面，严格遵守国家法律法规，2015年无产品和服务的信息及标识违规的事件，未出现因违法广告宣传而被监管部门通报查处的情况，市场推广过程中，坚决禁售有争议的产品。此外，复星医药严格保护客户隐私，2015年无经证实的信息泄露、失窃或遗失客户资料事件，无产品召回事件。

二、东方航空：以客为尊，倾心服务①

东方航空秉持"以客为尊、倾心服务"的服务理念，以乘客信赖与乘客满意为最大的追求。通过不断完善服务管理，不断优化全流程服务品质，不断了解和满足乘客的期待，不断挖掘和延展自身的服务价值，以"精准、精细、精致"的品质服务，让乘客享受一场自由自在的旅程，发现世界的精彩。

（一）全流程优质服务

东方航空以客户体验为导向，关注售票、值机、登机、行李托运服务全流程的各个关键接触点，推进从硬件设备到服务能力的整体提升，同时充分尊重乘客情感需求，增强服务的亲和力，与乘客之间形成有效互动，实现服务价值最大化。

客舱环境：舒适优雅	航食品质：安全可口	娱乐设备：有趣便捷
· 建立客舱服务设施设备服务保障标准 · 加强客舱设施设备完好性管理 · 客舱深度清洁工作	· 要求航食食品定期抽检，提供年度审计 · 专属机供品餐食设计、定制化餐食	· 整合机上娱乐资源，创新娱乐产品 · 优化机上娱乐节目结构、提升节目品质

提升乘客乘机体验

图16－3　东方航空为乘客提供良好环境

① 见《中国东方航空股份有限公司2015年企业社会责任报告》。

满意的乘机体验：无论在值机柜台还是在贵宾室或飞机的客舱，东方航空致力于为乘客营造一个能够在其中获得愉悦感受的环境，让乘客的"五觉"（味觉、听觉、视觉、嗅觉、触觉）都能获得满意的体验，提升幸福感。

精细、亲和的关切：东航致力于敏锐捕捉旅客的需求，为旅客提供定制化的贴心服务。公司在客舱内倡导"三二一"工程，即在一个航班上，主动与三名旅客做有效沟通，主动为两名特殊旅客提供服务，主动征询一名常旅客的建议和意见。同时，通过基于新技术的信息化服务平台，东航跨越式地提升自助式服务能力，达到与旅客"心连心"的服务效果。

利益相关方声音

为旅客提供优质服务，让旅客感受家一般的温暖是服务工作的至高境界，也是国内航空公司跻身于世界领先的机遇与契机。此次乘坐东航的航班回家为这次旅行画上了圆满句号，感谢航班全体乘务员为旅客提供的细心周到的服务，我会持续关注支持东方航空，希望下次旅行还能与你们再会！

——东航乘客　赵军

（二）一站式便捷服务

东方航空希望通过创新性和想象力，为旅客的出行提供个性化的产品和定制化的一站式出行解决方案，为旅客赢得时间，为旅客的时间赢得价值，让旅客享受到更加轻松、便捷的出行体验。

创新线上集成服务：充分运用信息化技术和移动互联技术，积极推动服务转型和创新，全面推进服务的"五化"，即集成化、个性化、自助化、便捷化、精细化。2015 年，实现旅客订单在各个渠道之间的互操作，同时优化自助服务功能，让旅客能够随时、随地、随心获取各种特色服务。

中转服务便利化："通程航班"是当今最为便捷和最受旅客欢迎的中转模式，该航班允许旅客在始发站一次性办理始发站及所有经停站的乘机手续，并可在目的站提取托运行李。2015 年 12 月，公司通程航班项目又新增 7 个境内外站点，实现了境内外 69 个站点之间点对面的双向辐射办理，让国际中转的旅客及其行李物品能够获得更便捷的通关效率。同时，公司通过推进使用枢纽航站行李管理系统、加强对行李运输的管控和考核、强化行李查询中心职能等举措，提升行李运输质量，提高中转联程的旅客与行李衔接成功率。

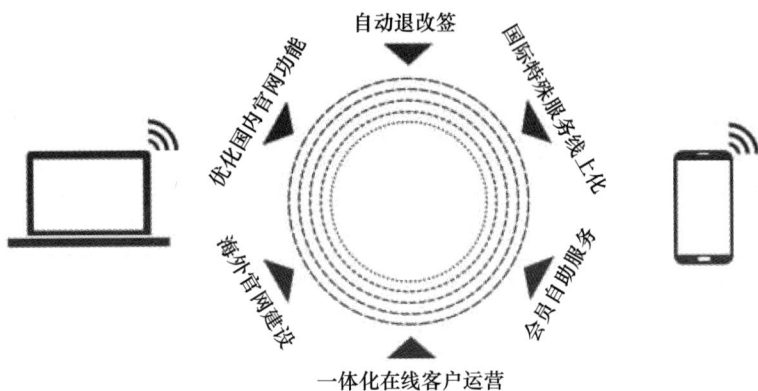

部分线上集成内容及示意

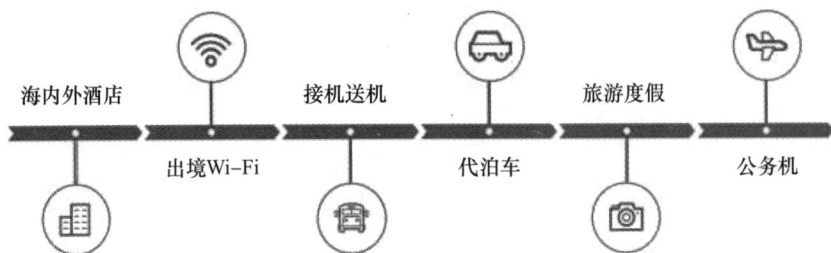

2015年上线的出行解决方案

图 16 - 4　东方航空线上服务

（三）细心呵护特殊需求

东航不断完善服务质量保障体系，针对特殊旅客提供更多个性化和人性化的服务措施，以专业经验和贴心服务，解决飞行过程中的突发情况，满足特殊需求，护航特殊旅客的舒适旅程。

10类特殊服务对象	4种线上渠道
行动障碍旅客 无成人陪伴儿童 担架旅客 用氧旅客 小动物运输 盲人/聋哑旅客 服务犬/导盲犬运输 孕妇旅客 轮椅旅客 患病旅客	95530热线 东航官网 东航M网站 东航APP

特殊服务线上申请受理工作

自2015年7月1日起，分期分批开通了10类特殊服务线上渠道

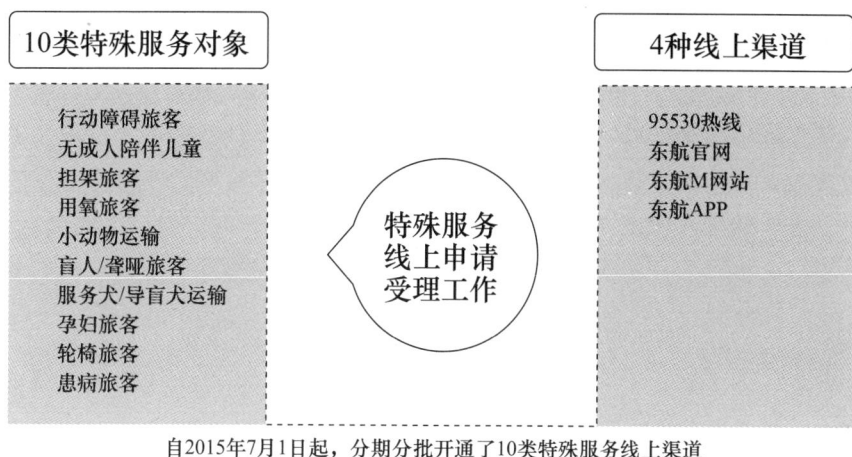

图 16 - 5　东方航空为特殊乘客提供服务

三、浦发银行：新思维，心服务①

浦发银行致力于为客户带来便利、安全、贴心、周到的服务，通过管理、技术等方面的不断尝试与创新，为客户创造更佳的金融服务体验。

（一）提供便利服务

2015 年，浦发银行在社区、网络、微信、视频等各种渠道实现了 95528 远程服务，服务方式扩展到智能机器人、文本咨询和交易、远程双向视频等。在线客服实现从单一业务咨询模式向"咨询为主、交易为辅"模式的转变；双向视频服务上线并广泛应用于自助发卡、综合签约、首次风险评估等业务场景，打造"无人银行、有人服务"的便捷、快速远程金融服务。

浦发银行以智慧金融发展全新的服务模式，发展智慧型营业网点，智慧型营业网点不再设有现金柜面，而是通过对柜面业务的流程再造，创新了"自助＋远程＋现场"服务模式。对于简单业务，客户可自助快速办理；对于复杂业务，可连接到远程客户服务专员实时提供协助；对于少数特殊业务，可由网点人员提供现场协助。用户不再需要填写各种烦琐的纸质材料，更加

---

① 见《上海浦东发展银行股份有限公司 2015 年企业社会责任报告》。

快速地办理各项业务。

（二）保护信息安全

浦发银行始终相信，安全没有边界、安全没有终点。2015 年，浦发银行通过大数据技术对客户异常交易行为进行科学诊断和处理，并建立了反欺诈模型，嵌入到各类互联网金融应用场景当中。在保证产品用户体验的同时，通过深度挖掘和分析用户交易行为特征，加强对欺诈交易的识别、预警和拦截能力，提高资金账户的安全系数，不断提升风险预警控制的时效性和准确性。此外，为了保护个人客户金融信息安全，浦发银行 2015 年制定了《上海浦东发展银行客户个人金融信息保护工作管理办法》，系统规范了个人客户金融信息的收集、使用和保存等业务操作，将个人金融信息保护的内容落实到内控制度及各项业务规则中。此外，要求涉及个人金融信息的岗位人员签署并严格落实保密协议，确保在数据提取、审核、发布、使用等各个环节保护客户信息安全。

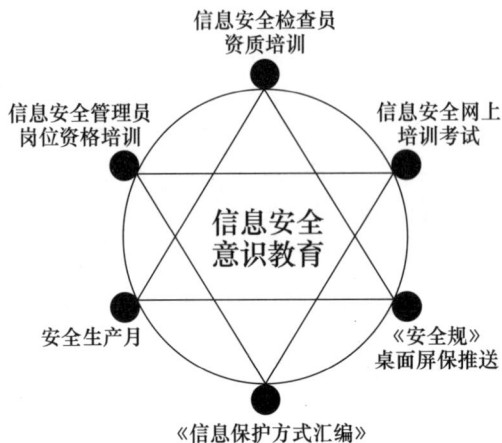

图 16-6 浦发银行信息安全意识教育措施

（三）积极应对投诉

浦发银行建立了完整的客户投诉处理流程与管理制度。客户通过电话（95528）、在线客服、对外服务信箱和公司邮箱等渠道进行的投诉，纳入统一的投诉处理机制。2015 年 2 月，浦发银行设立了"总行投诉专线"，受理客户对之前投诉产品或服务的处理结果不满而引发的二次投诉。为了提升网点服务水平，改善客户体验，浦发银行推进厅堂现场管理及服务流程创新，设置客户等候时长、业务处理时长、客户评价满意度等系列服务过程监控指标，建立厅堂服务重点指标质量监测体系。2015 年，浦发银行 6 家营业网点获评全国"百佳"示范单位称号。

四、中国太保：升级体验、守护幸福①

随着保险理念的普及，以及人们风险意识的增加，保险正被越来越多的民众认可和接受，同时，互联网的突飞猛进发展正改变着消费者的行为习惯。如何更好地满足当前不断增长的消费者群体的需求？太平洋保险深知，唯有重新审视和了解客户，才能持续、有效地提供与其需求相匹配的产品和服务。

（一）关注客户需求

在关注客户需求方面，太平洋保险改变传统以产品为中心的经营模式，绘制客户脸谱，实现精准销售和精细服务，赢得客户信任。

描绘客户脸谱，深化客户洞见：通过大数据挖掘、建模分析与可视化建设，太平洋保险在 2015 年完成了产、寿险 79 家分公司客户脸谱的绘制工作，系统揭示了"我们的客户是谁？我们每天和客户都发生些什么？我们与客户的关系如何？"，让公司对客户的认知有了全新的感受，并从中总结探索了许多新的解决方案。基于对客户脸谱的分析，太平洋保险结合客户回访、投诉痛点分析、市场调查等举措，逐步建立了常态化的客户洞见机制。与此同时，也注意到在新形势下客户需求的丰富与延伸，客户不仅希望获得优质的产品与服务，更希望在过程中得到良好的体验。

精准销售和精细服务，实现客户经营升级：通过基于大数据分析的客户分群和客户脸谱绘制，太平洋保险从不同客群的实际需求出发，制定了精准销售策略和精细服务方案，为客户提供多维度、差异化的专属服务，进而全面有效地满足客户需求。在寿险方面，充分考量了人生不同阶段的愿望与责任担当，深入了解客户多元化的保障需求，开发灵活、多样的个人与家庭保

---

① 见《中国太平洋保险 2015 年企业社会责任报告》。

障计划，在赢得新老客户支持与认可的同时，提高自身保障广度和深度；在产险方面，基于客户脸谱分析，结合数据筛选等方式实施客户分群管理，重点挖掘事故率低、满期赔付指标表现优秀的优质个人车险客户，并在与客户的日常互动环节中提供精细化服务举措，在客户的生活场景中为其带去贴心、便捷的服务关怀。

（二）改善客户界面

在改善客户界面方面，注重每一个与客户打交道的环节，运用移动新技术加强中后台支持前端，提升与客户的交流互动，超过5000万客户体验了新技术带来的便利。

创新技术应用，实现中后台支持前端：紧密关注客户需求与服务体验，依托于新技术应用，加强中后台技术对前端业务的支持，持续优化服务界面与流程，为客户带来全新体验。

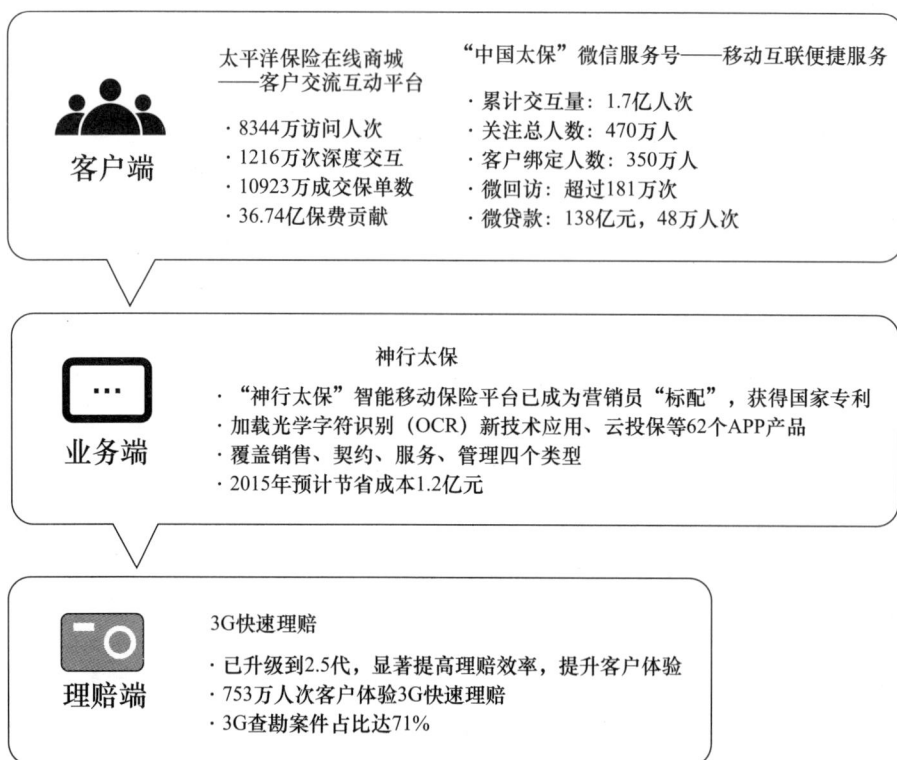

客户端

太平洋保险在线商城——客户交流互动平台
· 8344万访问人次
· 1216万次深度交互
· 10923万成交保单数
· 36.74亿保费贡献

"中国太保"微信服务号——移动互联便捷服务
· 累计交互量：1.7亿人次
· 关注总人数：470万人
· 客户绑定人数：350万人
· 微回访：超过181万次
· 微贷款：138亿元，48万人次

业务端

神行太保
· "神行太保"智能移动保险平台已成为营销员"标配"，获得国家专利
· 加载光学字符识别（OCR）新技术应用、云投保等62个APP产品
· 覆盖销售、契约、服务、管理四个类型
· 2015年预计节省成本1.2亿元

理赔端

3G快速理赔
· 已升级到2.5代，显著提高理赔效率，提升客户体验
· 753万人次客户体验3G快速理赔
· 3G查勘案件占比达71%

图 16-7　太平洋保险客户服务端

124

线上线下互动，界面融合发展：线上，建设创新型互联网服务平台，截至 2015 年末，太平洋保险的在线商城平台可为客户提供 100 余项在线服务；线下，将门店作为重要的实体服务界面，构建了以便利店为服务覆盖、标准店为营运支持的门店体系。

（三）提升客户体验

聆听客户体验的最真实的声音，驱动产品与服务创新，让客户时刻感受到"想着我、更懂我"的体验。

产品创新：在实施"以客户需求为导向"的战略转型过程中，太平洋保险紧扣保险和资管市场实际，瞄准客户需求，勇于开拓，大胆创新，开发出一款又一款叫得响、卖得好、点赞多的保险和资管产品。

服务创新：广泛收集的客户需求与服务体验的感知要素相结合，深入挖掘具有优化潜力的服务模式、流程与环节，实现客户体验感知的提升。针对在线服务平台，运用大数据工具对营销活动、投保流程、关联系统等进行优化、精简与整合，致力于为客户带来更好的购买体验。2015 年，率先在车险领域实现了网销平台"一键车险"，通过大数据平台提供的信息，实现流程的简化与客户体验的提升。

五、光明乳业：用心保护消费者权益[①]

顾客满意是光明乳业永恒的追求。光明乳业在日臻完善的服务过程中孜孜以求，以更快的速度、更专业的品质、更热忱的态度、更贴心的服务，用"心"和每一位顾客交流。技术上，通过 CRM 系统（客户管理系统）为全国范围内的客户提供售前、售中、售后全方位服务；制度上，实行"首接负责制"，第一时间准确传递客户诉求，竭诚为客户提供满意的服务。

光明乳业在打造以产品为中心，以客户为纽带的全产业链质量控制体系中，高度重视客户的消费体验，以提升客户的身体素质，健康中国人为宗旨，开发、生产产品，2015 年光明乳业开展了一系列的消费者回馈活动，感恩消费者陪伴光明乳业一起成长。

---

① 见《光明乳业股份有限公司 2015 年企业社会责任报告》。

（一）2015 年客服中心对于消费者权益的保护

（1）座席员在接听顾客订奶类电话时，均要求认真详细将顾客的姓名、电话、地址、订奶的品种和数量正确无误地输入光明乳业订奶管理系统（简称 CRM 系统），然后与顾客预约相关服务时间（确保 24 小时内有专人与顾客联系和提供上门服务）。

（2）座席员在接听顾客产品质量投诉类电话时，除认真仔细问清产品的品种、生产日期、代码、数量、投诉内容、顾客的姓名、电话、地址等相关信息外，还需将其正确无误地输入光明乳业投诉管理系统内（简称 ZT 系统），并在第一时间将投诉派单通过系统传递给相关售后处理部门的负责人员，同时告知顾客会尽快给予回应或按顾客要求上门处理与解决（确保市内投诉在 4 小时内传递，市外地区投诉在 8 小时内传递）。

（3）座席员在回访顾客的工作中，一方面要求要本着诚心、关心和真心的态度努力改变顾客对光明乳业的不满意度，从而进一步提高光明乳业的品牌形象与诚信度，增强顾客饮用光明产品的信心；另一方面对于来电顾客的个人信息、资料等进行严格保密。

（二）2015 年公司在解决消费者投诉上所做的努力

（1）针对顾客 3 次及 3 次以上来电的服务性投诉，客服中心座席员首先在随心订的订奶管理系统（CRM 系统）上做记录，其次在重要事情上做特别标识，以及时提示区、块相关人员尽快处理与解决。

（2）针对顾客 3 次及 3 次以上因同一问题的质量性投诉，一方面要求座席员在投诉管理系统（ZT 系统）上做好记录和信息跟踪，另一方面由专人将每日所有产生的 3 次以上来电投诉进行统计汇总后以邮件、短信发送、电话确定等形式报送光明乳业市场部、食安办及各相关事业部投诉处理管理人员，并要求隔日给予处理情况的信息反馈，以此来不断提高和提升投诉处理的工作效率与客户满意度。

（3）针对突发批量质量事故的投诉，部门特别制定了相应的突发事件应对预案，并根据预案年度内进行了预案演练，以确保部门在突发事件状态下能及时、有序地增加与配备相应座席员应接突增的顾客来电，力求达到投诉接听量的最高效率，同时协助售后处理部门全力做好与消费者的沟通与安抚工作，避免矛盾与负面影响的扩大。

（4）对于接到工商、质检、媒体、公关部等部门的投诉，客服中心会在第一时间（2 小时内）做好与相应区域和事业部的沟通联系，并全力协助收集投诉者的相关信息。2015 年，公司新增售后处理部门对已解决的顾客投诉，做统一书面格式的处理意见小结，确保客服 48 小时内将售后的处理情况与结果反馈予工商、质检、媒体等部门，尽可能减小投诉的负面影响。

图 16 - 8　光明乳业客户服务

‖第十七章‖
科技创新

党的十八大以来，习近平总书记把创新摆在国家发展全局的核心位置，高度重视科技创新，围绕实施创新驱动发展战略、加快推进以科技创新为核心的全面创新，提出一系列新思想、新论断、新要求。十八届五中全会提出"创新、协调、绿色、开放、共享"五大发展理念，创新是引领，位居五大发展理念之首。催生全新的经济形态，落实2030年可持续发展议程，需要敢于创新、不断创新。在我国经济发展新常态下，积极发挥科技创新的引领作用，加快形成以创新为主要引领和支撑的经济体系和发展模式，对实现两个百年目标，实现中华民族伟大复兴，为世界经济注入活力，都具有十分重要的意义。

上海上市公司是助推上海经济发展的重要力量，提升其技术创新能力，推动经济转型发展，呼应创新型国家建设，是企业积极履行社会责任的重要体现。

本研究中，科技创新的指标主要包括支持产品服务创新的制度、科技或研发投入、科技工作人员数量及比例、新增专利数、重大创新奖项等。以上述指标为基础进行分析，上海复星医药（集团）股份有限公司、光明乳业股份有限公司、上海医药集团股份有限公司、上海电力股份有限公司、上海现代制药股份有限公司5家企业在科技创新方面表现优秀。

一、复星医药：持续创新、乐享健康①

在"持续创新、乐享健康"的理念下，复星医药集团加大药品研发投入，

---

① 见《上海复星医药（集团）股份有限公司2015年企业社会责任报告》。

构建创新研发体系，整合有效资源，在制药、医药分销与零售、医疗服务和医疗器械、医学诊断等方面均取得了突出的业绩。多年来，复星集团持续不断追求创新，从原创发明到应用技术改进，只为让生命乐享健康。

（一）创新研发体系

复星医药集团始终将自主创新作为企业发展的原动力，持续完善"仿创结合"的药品研发体系，不断加大对四大研发平台的投入，在小分子化学创新药、大分子生物类似药、高价值仿制药、特色制剂技术等领域打造了高效的研发平台，推进创新体系建设，提高研发能力，推进新产品上市，努力提升核心竞争力。为契合自身优势，复星医药集团专注于代谢及消化系统、心血管系统、血液系统、中枢神经系统、抗感染、抗肿瘤等治疗领域的研发，主要产品在各自细分市场占据领先地位；同时，整合国内国际资源，通过战略联盟、项目合作、组建合资公司等方式，多元化地开展创新研究，不断增强研发能力。

（二）研发投入

2015 年研发支出 8.30 亿元（含资本化开支），同比增长超过 21.27%。其中，研发费用为 6.70 亿元，实际研发费用同比增长 18.75%。复星医药公布限制性股票激励计划后，长期将本公司的研发支出比例纳入考核关键。2015 年，复星医药集团制药业务研发费用为 5.38 亿元，占制药业务销售收入的比例为 6%。

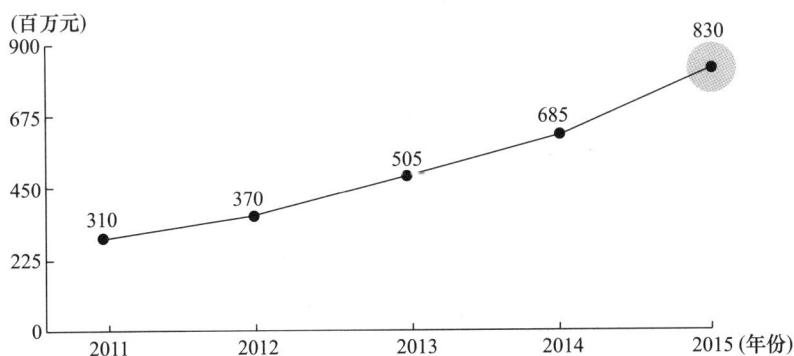

图 17-1　复星医药 2011~2015 年研发支出

（三）研发进展

复星医药加强了抗肿瘤药物的产品布局，截至报告期末，有研新药、仿制药、生物类似药及疫苗等项目161项。

（1）1个生物1类创新药、2个1.1类创新药、10个国内尚未上市的3.1类新药已向国家食药监总局提交临床申请。

（2）23个产品获得临床批件，预计这些在研产品将为本集团后续经营业绩的持续提升打下良好基础。

（3）药友制药盐酸文拉法辛片通过美国FDA上市批准。

成功的研发往绩

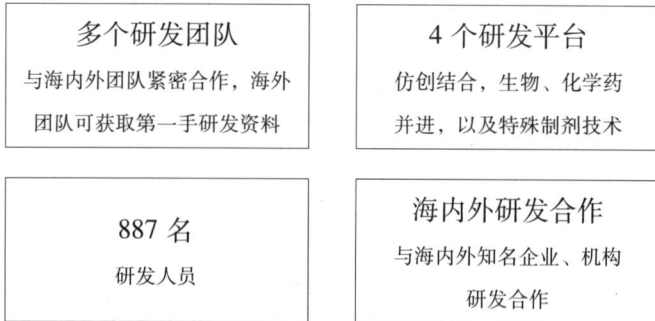

多个研发团队	4个研发平台
与海内外团队紧密合作，海外团队可获取第一手研发资料	仿创结合，生物、化学药并进，以及特殊制剂技术
887名 研发人员	海内外研发合作 与海内外知名企业、机构研发合作

图 17 - 2　复星医药研发体系

（四）研究成果

2015年，集团药品制造与研发板块专利申请达89项，其中包括美国专利申请6项、欧洲专利申请4项、日本专利申请2项，PCT申请3项；本集团药品制造与研发板块获得专利授权15项，其中，发明专利9项（包括美国专利1项）。

二、光明乳业：领先科技，新益求新①

应用先进科技，是光明乳业产品符合国家法律法规要求以及满足顾客需

---

① 见《光明乳业股份有限公司2015年企业社会责任报告》。

求的保障，光明乳业不断调整研发方向，力图让国家重点实验室的科研成果能够更好更快地应用于市场，让研发力量更深入地与市场结合，完美融入光明乳业全产业链的体系之中。以消费者健康为核心，同时满足客户的不同消费需求，光明乳业已先后研制出涵盖巴氏杀菌乳、调制乳、灭菌乳、含乳饮料、发酵乳、乳酸菌饮料、再制干酪、婴幼儿配方乳粉、稀奶油、果汁等17大类产品。其中，莫斯利安巴氏杀菌热处理风味酸牛奶、畅优风味发酵乳、如实无添加发酵乳、致优巴氏杀菌乳、植物活力乳酸菌饮品、光明再制干酪等产品的推出，进一步塑造了光明乳业的科技形象，成就光明乳业高端品牌引领者。

（一）研发体系

光明乳业科技创新力能够高效地转化为实际生产力，与光明乳业持续的研发投入、科研队伍建设的不断加强密不可分，光明乳业建立了以光明乳业研究院为中心的研发体系和队伍。依托光明乳业研究院，光明乳业目前拥有"乳业生物技术国家重点实验室"、"国家乳品加工技术研发分中心"、"国家级企业技术中心"和"上海乳业生物工程技术研究中心"四大科研平台。此外，光明乳业研究院与多家国际、国内知名的大学和科研机构建立了合作机制，在乳制品营养、益生菌、食品安全控制等方面展开深入合作研究，通过国际合作了解食品科技前沿动态，为产品研发过程中的食品安全管控提供文献和数据支撑。

（1）携手新西兰皇家农业研究院。

（2）联手荷兰国家科学应用研究院 TNO。

（3）联手新西兰乳品研究所/新西兰乳品原料（中国）。

（4）与法国罗地亚公司合作共同提高乳品研发水平。

（5）召开法国农科院与光明乳业技术中心的酸奶研讨会。

（6）与法国罗地亚公司、新西兰乳品研究所、加州理工大学、日本鹿儿岛大学等建立合作关系。

2015 年 3 月 12 日，世界自然基金会（WWF）、上海市食品学会、光明集团、光明乳业共同签署战略合作协议，四方将就"水管理创新"项目进行探索，通过硬件和管理上的改进降低牛奶生产的耗水量，提高废水的排放标准，并力争形成我国乳业的水足迹行业标准。本次合作有利于引导产业链朝着水资源友好型的产品和工艺流程方向发展，也有利于推进企业生态、高效、循环科技创新攻关及其成果产业化的建设与示范。

图 17 - 3　　"水管理创新"项目战略合作签约仪式

（二）科研成果

光明乳业研究院根据自身发展的优势和特色，先后主持和承担了"973"、"863"、科技支撑计划等国家和省部级课题 56 项。2015 年光明乳业共申请发明专利 102 项，获得发明专利授权 76 项，发表 SCI 文章 20 篇，荣获各类奖项 7 项。

（三）创新奖项

"巴氏杀菌常温酸奶生产关键技术及其功能评价"获闵行区科技进步一等奖；"新型益生菌发酵乳制品的研究与开发"获江苏省科技进步一等奖；"如实无添加发酵乳的研究与开发"项目荣获上海市优秀发明金奖；"益生菌及益生菌发酵剂的研究与应用"获中国商业联合会科技进步一等奖；"耐温再制干酪"获中国乳制品工业协会特等奖。

三、上海医药：加强研发创新，破解医药难题①

"伟大的公司，必要有伟大的梦想"，上海医药集团以让公众用好药、用得起药为目标，加强质量管理、清晰研发策略、完善研发机制、提升产业化能力，多项成果荣获重磅级科技创新奖项。

（一）提升研发能力

2015 年，上海医药集团（本溪）北方药业有限公司（以下简称"上药北方药业"）研发及产业化基地项目开工。一期项目建成后，化学创新药、高端仿制药、高端制剂品种开发的研究场所、中试研究场所和精品生产基地基本成型，未来，每年 20 个在研产品的中试产业化放大和样品制备的能力和产业化能力亦有望实现。此外，与有关院校的合作项目也将直接在该研发中试基地开展工艺研究并直接申报，这将有助于大幅提升开发及产业化效率。

以临床需求为导向，推动生物制品与化药小分子及中药协同发展。

重点发展肿瘤、免疫及心血管领域；仿制药坚持与原研药保持一致，优化工艺降低成本；尽早仿制具有治疗优势的多个产品，形成产品组合。

加强中药重点品种的循证医学研究，立足于重点品种的二次开发，打造具有机理明确、疗效确切、工艺先进的大品种。

——上海医药研发策略

"中国的创新药近年来有很大突破，但还是缺少原始性创新药，其主要原因在于我们的研究基础与国际相比还存在一定的差距，对国际新药研发的要求和规范也不太熟悉。

随着越来越多的项目走向国际，相信我们会越来越好。"

——研发人员

图 17 - 4　上海医药研发策略

（二）加强研发管理

上海医药的研发管理趋向扁平化、专业化。以项目管理为突破口，试点

---

① 见《上海医药集团股份有限公司 2015 年企业社会责任报告》。

了项目经理责任制，其核心是以项目为中心、项目经理为主导，搭建跨专业、跨部门的研发团队。项目团队组建实行双向选择和结构优化，加强过程管理和节点考核，强化预算管控，全面提升研发效率。

（三）研发进展及成果

当前，上海医药集团正根据国家最新要求，对现有品种梳理归类，按不同类别有序开展评价；同时成立了专门工作团队全面协调质量、生产、研发和市场等部门的合作和政府事务；积极推进与外部研发资源整合，寻求进一步的技术支撑。截至目前，已开展 24 个品种的质量一致性评价的相关研究工作。

表 17 - 1　上海医药 2013 ~ 2015 年研发投入及成果

年份	2013	2014	2015
申请发明专利（个）	32	94	110
获得发明授权（个）	17	33	51
临床申报（个）	1	19	14
临床批文（个）	4	6	16
研发投入占比（％）	4.25	4.61	5.22
新品贡献率（％）	9.51	11.98	14.44

案例：上海医药中药研究领域获重大突破，再获国家科技进步一等奖

由上海医药旗下上海市药材有限公司（以下简称"上药药材"）与中国医学科学院药物研究所、中国中药公司、山东宏济堂制药集团有限公司和北京联馨药业有限公司等单位共同合作完成的《人工麝香研制及其产业化》获"2015 国家科技进步一等奖"。这也是上海医药继旗下正大青春宝合作完成的《中成药二次开发核心技术体系创研及其产业化》项目获"2014 国家科技进步一等奖"后，再次获得的国家级科技创新重磅奖项。

人工麝香的研制成功及规模化生产，从根本上缓解了天然麝香长期不敷药用、供不应求的局面，是我国中药新药和珍稀动物药材替代品开发上取得的重大科技成果和中药研究领域的重大突破。

四、上海电力：科技创新，注入动力①

上海电力注重科技人才的培养，持续完善科技创新体系，充分发挥公司优势，加强科研成果的转化与应用。

---

① 见《上海电力股份有限公司 2015 年企业社会责任报告》。

（一）健全科技创新体系

上海电力持续健全科技创新体系，加强产学研合作、创新成果转化与应用，用科技创新引领行业升级，实现社会创新。公司高度重视科技人才培养，建立有效的激励机制，形成崇尚科技，尊重科技人才的浓厚氛围，为科技创新提供了坚实的平台。

表 17－2　上海电力 2011～2015 年科研投入及获得专利情况

年份	2011	2012	2013	2014	2015
科技投入总额（万元）	1461	5387	13674	13050	9761
获得专利数（项）	6	8	17	37	84

（二）加强产品研发

公司充分发挥业务优势和创新机制，全力推进智慧照明业务发展。引领生活方式、发展方式的改变，打造智慧城市综合集成终端和重要基础设施。

案例：上海电力持续研发普罗娜智慧照明产品

上海电力普罗娜智慧照明产品在 2014 年第 16 届工博会上荣获创新银奖、设计金奖和德国设计红点奖。2015 年，公司将原先的室内展示产品经过重新的设计、选材、布局、制造、调试，于 2015 年 10 月在新源广场安装了 4 个户外中试产品。上海市经信委多次参观和调研智慧照明业务发展情况，并为未来智慧照明业务发展出谋划策，提供更多的支持。

2015 年 11 月，创导智能将智慧照明普罗娜户外产品参展第 17 届工博会，得到了国务院副总理马凯的关注和肯定。

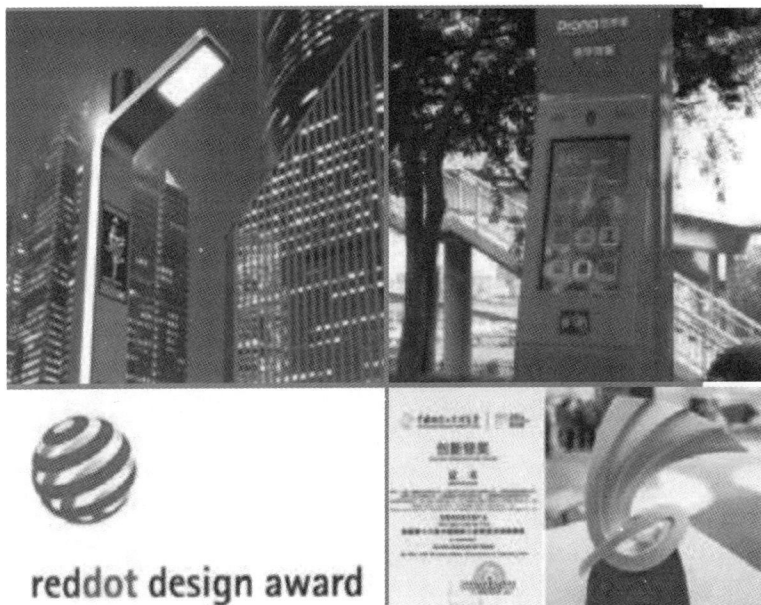

reddot design award

五、现代制药：生命至上，创新为本①

让人民群众获得更多安全、优质的药品与服务是现代制药重要的社会责任。围绕"生命至上，创新为本"的企业宗旨，秉持"关爱生命、呵护健康"的企业理念，上海现代制药始终坚持"创业、创新、创未来"的企业精神，坚持自主创新，增强创新能力，回报社会、回报患者。

（一）研发体系

作为以研发驱动型为特色的高新技术企业，上海现代制药将创新视为发展的根本核心：公司研发体系由总部研发中心、各生产厂区技术部以及各子公司研发部门3级体系组成，拥有一支能征善战、科研实力强大的研发队伍（其中一线科研人员500多人，硕士以上学历130多人，副高以上职称近30人），拥有约6800平方米涵盖原料药研究所、制剂研究所、质量研究中心、合成中试车间、合成多功能车间、制剂GMP中试车间等综合研发设施，拥有

---

① 见《上海现代制药股份有限公司2015年企业社会责任报告》。

上海市企业技术中心、上海药物合成工艺过程工程技术研究中心、上海市专利试点单位、四川省企业技术中心、河南省抗真菌药物研究中心、河南省在线灭菌注射剂工程技术研究中心、南通市抗感染药物合成工程技术研究中心等资质认定，为公司研发创新提供了强有力的支撑。同时，上海现代制药与国内各高校院所、各大医院、科研开发公司等建立了良好的合作关系，初步构建了围绕产品研发、临床、注册、市场推广等各个环节的"产学研医"战略联盟，创造了良好的创新研发环境。

（二）创新激励

企业是技术创新的主体，人才是技术创新的载体。公司加大奖励力度，激励更多的科研人员积极投身于原始创新、集成创新和引进、消化、吸收、再创新的工作中，鼓励其出好成果、快出成果、多出成果。公司制订了相应的月度考核细则、《科技项目奖励管理办法》等制度，打破原有的固定工资制，对获得各级政府科技成果奖、科技进步奖、获得专利成果奖、产品创新研究获得注册批件、质量标准升级、工艺改进达到节能增效等技术改进有突出贡献的项目组或个人进行奖励，这极大地激发了广大科研人员的工作热情和积极性、创造性，促进了公司科研工作的健康高效发展。

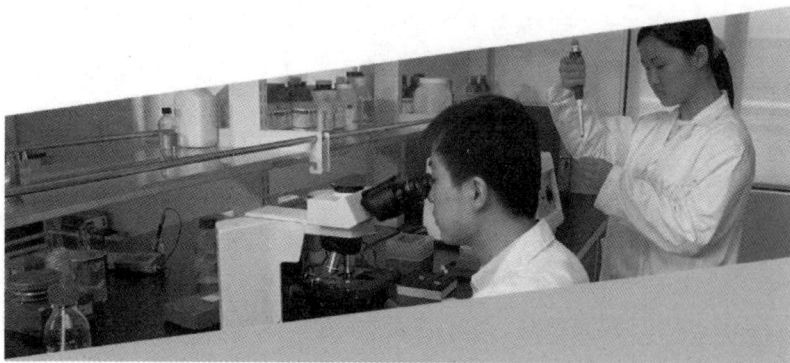

图 17 - 5　上海现代制药研发人员工作现场

（三）科研成果

2015 年，上海现代制药科研创新硕果累累：

（1）课题：在研国家重大课题2项，省市级课题13项，集团重大、重点课题25项，产学研合作项目63项。

（2）获奖：荣获集团科技成果二等奖1项、集团科技成果三等奖2项。

（3）专利：专利新授权33项，其中发明专利25项，实用新型6项，外观设计2项，新申请专利13项。

（4）论文：发表中文或科技核心期刊文章10篇。

（5）申报：完成申报20个产品（27个品规），其中申报临床11项，申报生产11项，补充申请5项，3类新药9个品规。

（6）临床试验：完成临床试验4项，开展临床试验2项，取得临床试验批件1项。

第十八章

社区关系

世界著名的管理大师孔茨和韦里克认为，企业必须同其所在的社会环境进行联系，对社会环境的变化做出及时反应，成为社区活动的积极参加者。企业是社会的组成部分，更是所在社区的组成部分，企业的长期稳定发展离不开周边的环境，企业在发展壮大的同时，积极融入社区、回馈社会，比如为社区提供就业机会，为社区的公益事业提供慈善捐助，向社区公开企业经营的有关信息等，与所在社区建立和谐融洽的相互关系，是企业的一项重要社会责任，企业应意识到，通过适当的方式把利润中的一部分回馈给所在社区是其应尽的义务。

社区责任是上海市上市公司企业社会责任中重要的一部分，企业积极履行社区责任是企业作为优秀企业公民的重要体现，是企业与社会和谐发展的关键环节。本研究中，社区关系分项指标包括：社区沟通参与机制和渠道，和当地政府、NGO 等建立伙伴关系，捐赠总额，企业公益方针或主要公益领域，员工志愿者制度及绩效，支持社区成员的教育和学习等。通过以上述指标为基础进行分析，上海复星医药（集团）股份有限公司、环旭电子股份有限公司、上海浦东发展银行股份有限公司、中海发展股份有限公司、上海电力股份有限公司在社区关系方面表现较优秀。

一、复星医药：修身立业助天下，社会责任常履行①

复星医药集团自成立以来，不断履行企业公民的承诺，真诚服务社会。

---

① 见《上海复星医药（集团）股份有限公司 2015 年企业社会责任报告》。

不仅为社会创造财富，还在捐款救济的同时"授人以渔"，通过提供就业机会、支持教育事业、援非抗疟、救助患病孤儿，积极承担企业公民的责任。

（一）社会公益

复星医药携各成员企业积极开展公益活动，纷纷向社会最需要的地方献出自己的一份爱心。2015年复星医药集团共向社会捐赠超过847万元。

完善公益体系：复星医药长期以来奉行可持续发展的原则，积极履行企业社会责任，致力于营造更为和谐的行业生态圈。1998年上市以来，复星医药在教育和研究、环境保护、医疗保健和社会需求以及文化领域参与并组织了大量公益活动，项目遍及多个国家和地区。目前，复星医药已经形成了完善的公益体系——"未来星"公益计划，希望通过支持教育、资助科研、医药健康社区服务、救助患病孤儿、捐款济困、灾难援助等承担企业社会责任，回馈社会。

支持教育：自2010年起，复星医药在全国的医药类大学设立奖学金，旨在为学生创造良好的就学环境，鼓励学生的求学热情，并推动中国医药行业的教育发展，为行业培育和挖掘人才。2015年，复星医药集团在多个医药类高校设立奖教金和奖学金，对优秀教职工和学生进行嘉奖，为医药行业培养更多人才；此外，还通过管理培训生计划、大学生夏令营计划以及校园招聘等形式，为优秀学子提供学以致用和成长发展的机会。

复星公益基金：2015年，复星医药向复星公益基金会捐助500万元，用于捐助复星·中国整形美容协会科技奖、谈家桢生命科学发展基金会等多项公益项目。"复星公益基金"属于非公募基金，旨在帮助社会弱势群体，进行自然灾害救助、医疗救助、扶贫助残，资助文化公益事业、教育公益事业、青年创业就业等各项公益活动。

案例：公益健康跑款项花落朴质公益，助力病残弃婴养护康复项目

为了更好地帮助有需要的孩子们健康、快乐成长，并体现复星医药20周年"公益登高赛"公益款归属的公平、公正、透明，复星医药于2015年3月20日在星隆书屋召开了复星医药20周年"公益登高赛"的公益款归属会。

共有21名登高赛投票代表，5位参与申请此次公益款的公益项目负责人参加了此次公益款归属会。经过投票表决，最终朴质公益的"病残弃婴养护康复项目"以最高票数成为复星医药20周年"公益登高赛"公益款的归属项目。

朴质公益是位于上海闵行区吴泾的一家儿童关爱服务中心，致力于为弃婴改善生存条件以及为贫困的小朋友提供丰富的阅读资源。现在，由复星医药捐助的这笔款项已通过朴质公益全部用于为河南省平顶山市宝丰县的35位孩子们提供日常食品和日用品，以及保育费用。

通过此次公益活动，复星医药希望可以帮助到有需要的孩子们，承担起应有的社会责任。同时，号召广大利益相关方一同为公益事业尽一份力，营造更为和谐的行业生态圈。

"感谢大家共同献上的这份爱心，正是有你们的支持才使得我们有经济能力聘请到足够的保育人员，使得我们能为孩子们提供必要的物资，孩子们也因此感受到更多的拥抱和更细致的照料，身体恢复后也有更多的机会被家庭收养。朴质公益愿以自己的踏实实干，在社会众多爱心人士的支持下，可持续地为改善病残弃婴的生存条件而努力。"

——朴质公益"病残弃婴养护康复项目"负责人　徐朴

（二）社区服务

2015年，复星医药集团各板块积极开展形式多样的社区服务，如开展免费健康咨询活动和健康讲座、免费测量血压血糖、爱心义诊等诸多活动近百场，服务社区居民。

案例："邦计划"让爱前行不辍！

2014年初，万邦医药提出了以促进基层合理用药，提高偏远地区医疗水平，援建贫困地区教育设施，捐助贫困学生等为主要开展方向的"邦计划"项目。

2015年，秉持着"尽我所能、人人公益"的宗旨，"邦计划"公益项目坚持聚焦于助医、助学两大公益板块，稳健探索，推进工作。

2015年2月、9月，项目组两度回访桑植县空壳树小学，按时发放奖学金、助学金，兑现持续帮扶的承诺。11月初，项目组再次组织爱心医师团队，抵达贵州省黔东南地区，与榕江县人民医院合作开展多种形式的医疗公益活动；同时，项目组对榕江县上咸小学、黎平县腊亮小学进行必需的各类物资捐赠及爱心帮扶结对。

通过"邦计划"的爱心传递，更多社会人士也在逐渐参与其中；目前针对"邦计划"的帮扶学校，社会上已开始出现自发的慈善捐赠行为，这一发展令我们倍感欣喜，也使得我们坚信，"道阻且长，行则将至"，让爱前行不辍！

（三）援非抗疟

复星医药集团拥有自主研发的首个国家创新药青蒿琥酯。2015 年，乌干达北部地区爆发严重疟疾疫情，复星医药成员企业桂林南药向该国紧急发运 40 万支 Artesun（注射用青蒿琥酯）用于疫区重症疟疾患者救治，帮助控制疫情降低死亡率。作为全球主要抗疟药生产商之一，桂林南药一贯积极履行"抗疟伙伴"的企业社会责任，时刻准备着与非洲人民共同抗击疟疾。桂林南药向全球抗疟市场供应了 820 万支注射用青蒿琥酯针，预计有 470 万人（90% 为非洲人民）因此获益。

借助产品的优势，复星医药集团积极配合中国政府的援非抗疟工作，自 2006 年起，共承担中国商务部对非援助项目百余个，涉及 30 多个国别。2015 年，集团承办了 2 个商务部对外人力资源培训项目，其中，发展中国家药品监管领域部级研讨班共有来自 7 个国家的 17 名学员参加，包括 2 名副部级学员，分别为亚美尼亚卫生部副部长和尼日利亚国家食品药品监督管理局局长；发展中国家疾病预防控制体系建设与管理研修班共有来自 7 个国家的 33 名学员参加。

二、环旭电子：广泛参与，热忱服务[①]

环旭电子分别从"投资教育"、"推广文艺"及"回馈社会"三个层面开展公益实践。除了长期赞助"台湾阅读文化基金会"外，还首开风气之先，成立台湾首座企业认养之"爱的书库"，并展开为期十年的"百万植树计划"，减缓日益严重的气候变迁。

（一）投资教育

环旭电子认为人才是企业重要的成长动力，阅读是累积创新研发能力的基础，为了落实"推广教育"的理念，环旭电子协助创立"台湾阅读文化基金会"，投入经费添购新书，设置"爱的书库"，让好书循环运用，供孩童阅读，开启人生视野，累积心灵财富，并协办"全球华文学生文学奖"，鼓励学生投入创作，培养深厚的创造力。

---

① 见《环旭电子股份有限公司 2015 年企业社会责任报告》。

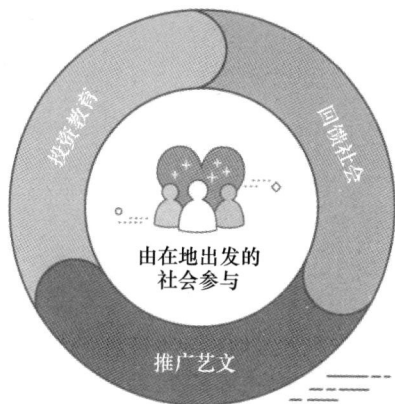

图 18 - 1　环旭电子公益实践领域

案例：赞助"台湾阅读文化基金会"

此赞助计划起源于南投山区小学在教育的资源上相对比都市学校来得少，除常规的课本书籍外，环旭电子认为学童们应该再涉猎多元的读本来增广见闻、启发好奇心。为此公司协助基金会创立"台湾阅读文化基金会"，一起推动"深耕校园阅读计划"以设置"爱的书库"为地处偏远的南投山区小学添购课外读本。此计划在满足偏远及弱势族群阅读资源后，也渐渐将捐赠范围扩大到其他县市小学，原本仅是设计书库的想法也陆续发展出"阅读研习"及"亲子共读"等活动。

➢ 起始年：2005 年。

➢ 受赠单位：财团法人台湾阅读文化基金会。

➢ 受惠的利害关系人：受书箱捐赠的学校，目前包括南投县虎山国小、南投县信义乡同富国小、南投县国姓国小、南投县仁爱国小、南投县鱼池国小、南投市平和国小、南投县西岭国小、南投县水里国小、南投县育英国小、屏东县琉球乡琉球国小、台东兰屿乡椰油国小、参与亲子共读活动的环电员工及草屯镇立图书馆。

➢ 中长期目标：从 2014 年起长期目标设定为十年，为"深耕校园阅读计划"捐赠"爱的书库"400 个书箱；赞助 20 场"阅读研习"及 10 场"亲子共读"活动。前者在于扩大教师参与阅读教学，提高阅读教学能力；后者在于除增进亲子关系外，也能将校园读书会（班级共读）延伸至社区读书会，分享讨论过程，开启创意联结之能力。未来三年拟将捐赠地区聚焦在离岛、大台中及彰化地区学校。

➢ 执行方法：每年以新台币50万元来支持基金会各项阅读推广活动，如"爱的书库"、"阅读研习"和"亲子共读"。

➢ 执行成果：

结合草屯镇立图书馆之社区资源，办理南投县"亲子共读"推广环保活动，参与人数为171人，借由家长与子女之间参与阅读活动，享受共同阅读乐趣，通过儿童环保绘本和活泼有趣的动画方式，培养儿童阅读兴趣及了解台湾的环境问题，提升对环保的重视。

南投县草屯镇虎山国小为第一座"爱的书库"，具有指标性意义，也是学校教师借阅书箱之首选书库；埔里镇育英国小"爱的书库"之书籍流通及管理情形亦颇具成效。南投县政府结合办理"阅读起步走·政府与民间合作赠书活动"，于现场颁奖表扬环旭电子。

2015年下半年，为偏乡离岛地区师生带来丰富阅读资源，在屏东县琉球

地区设置书库计划。捐赠 10 箱图书，预计将于 2016 年上半年成立琉球国小"爱的书库"。

（二）回馈社会

秉持"关怀社会，友善环境"的理念，环旭电子凝聚员工的力量，积极投入社会公益活动，参与地方公共事务，期望在追求企业成长的同时，也能回馈社区，为社会尽一份心力。2015 年共支出约新台币 750 万元支持各项社会活动。

案例：百万植树计划

环旭电子是上海根与芽青少年活动中心"百万植树计划"的长期赞助商，自 2013 年开始，持续为该计划捐赠善款，累计资助 12000 棵树，累积捐赠林地面积达 134.7 亩。2015 年度在召根苏莫资助植树 4000 棵，共计 44.9 亩。

这项植树造林活动兼顾了生态与人道主义救助的双重使命，在生态上，

降低内蒙古通辽市科尔沁左翼后旗巴嘎塔拉苏木召根嘎查地区土地沙化的危机，成林后的林地既能养护植被，也能抵御由沙化引起的沙尘暴。从人道主义观点来看，当地居民也能在树木间的空隙种植农作物以维持生计，免除被迫离开家园，重振当地活力。

（三）推广艺文

环旭电子希望通过对艺文活动的支持与赞助，提升人民的文化素养，累积人才的创意能量，并建立良善的社会风气。因此长期关心地方艺文的推广，除了持续赞助"云门舞集秋季巡回公演"之外，还邀请"明华园歌仔戏剧团"于南投县草屯镇中山公园举办岁末公益联谊晚会，回馈乡亲。

三、浦发银行：志愿同行，快乐奉献[①]

浦发银行的发展与社会各界的支持与关怀密不可分，以公益慈善回馈社会是公司履行社会责任的重要组成部分。公司利用金融平台和渠道，推动社会各界关注公益，共促和谐社区建设。

（一）可持续公益体系

浦发银行以"制度化、创新化、多元化"为公益管理思路，开展可持续的公益工作。公司结合专业优势和行业资源优势，统筹管理现有公益项目、结合"互联网＋"与健康生活的理念，组织丰富多样的公益活动，帮扶社会弱势群体。

可持续公益之路

▶ **制度化**　系统管理现有公益项目，推进项目长期有序实施

▶ **创新化**　创新公益思路、创新公益活动、创新公益方式

▶ **多元化**　立足专业优势，覆盖多领域公益活动和项目

图 18－2　浦发银行可持续公益之路

---

① 见《上海浦东发展银行股份有限公司 2015 年企业社会责任报告》。

（1）制度化：做有体系、有传承的公益项目。针对长期开展的公益项目，浦发银行建立长效执行机制，不断增强项目的可操作性，提高受益群体的广度和深度，实现公益项目的可持续发展。一方面，浦发银行深入分析自身专业优势，充分发挥资金资源和金融平台资源功能，"授人以渔"，开展专业精准扶贫工作，为贫困地区提供金融服务和优惠贷款；另一方面，浦发银行期望通过长期援建希望小学，均衡教育资源，与政府、社会各界共同携手，努力实现教育公平。

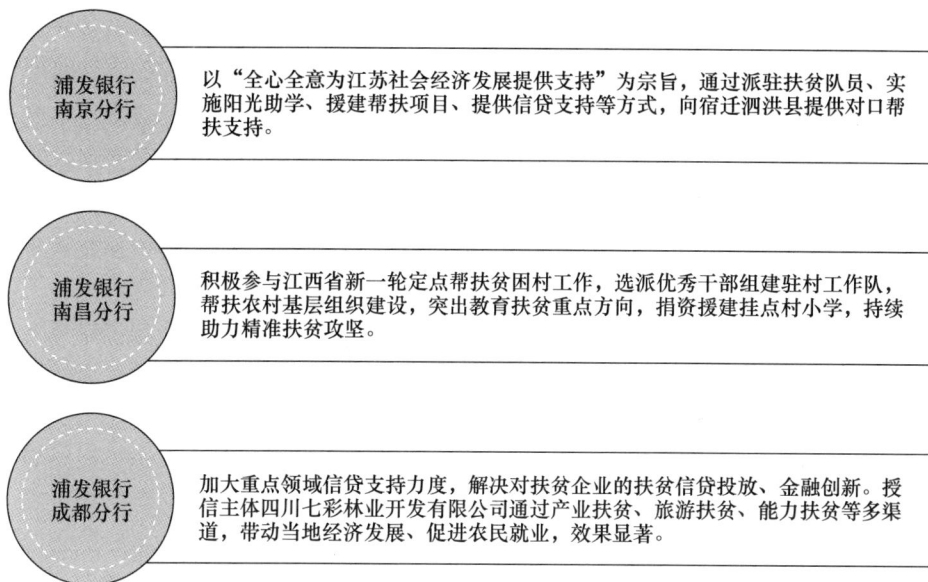

浦发银行南京分行	以"全心全意为江苏社会经济发展提供支持"为宗旨，通过派驻扶贫队员、实施阳光助学、援建帮扶项目、提供信贷支持等方式，向宿迁泗洪县提供对口帮扶支持。
浦发银行南昌分行	积极参与江西省新一轮定点帮扶困村工作，选派优秀干部组建驻村工作队，帮扶农村基层组织建设，突出教育扶贫重点方向，捐资援建挂点村小学，持续助力精准扶贫攻坚。
浦发银行成都分行	加大重点领域信贷支持力度，解决对扶贫企业的扶贫信贷投放、金融创新。授信主体四川七彩林业开发有限公司通过产业扶贫、旅游扶贫、能力扶贫等多渠道，带动当地经济发展、促进农民就业，效果显著。

图 18 - 3　浦发银行开展精准扶贫工作

（2）创新化：新媒介、新公益、新生活。浦发银行坚持开展公益创新，研究和发现新的公益活动和组织方式，结合社会新动态、新技术，带动社会大众共同参与，增强社会福祉。2015 年，浦发银行创新开展"为爱开跑，靠浦一生"线上线下公益项目和流动科技馆项目，帮助弱势群体提高生活质量。

案例：联袂互联网推动新公益——"为爱开跑，靠浦一生"公益项目

2012 年，浦发银行联合上海市儿童健康基金会启动了"放眼看世界"公益项目，为困难家庭的斜视儿童提供手术援助。

2012~2014 年，"放眼看世界"项目第一期在上海、重庆、昆明三地相继落地发芽，三年来累计捐助资金 240 万元，为 560 位患儿提供了免费的斜视矫正手术，手术成功率达 100%。

2015 年，浦发银行开启项目第二期，同样将为期三年。

首轮捐赠结合了"为爱开跑"公益活动——浦发银行与互联网运动平台跨界联袂，携手线上运动软件"咕咚"共同打造"为爱开跑，靠浦一生"活动。以"咕咚"平台该项目参与者的运动数据记录为基础，每达到 10000 公里，浦发银行即捐助一例斜视儿童公益慈善手术。截至 2015 年末，本轮爱心里程捐赠共资助了 112 位小朋友的手术资金。浦发银行不仅通过志愿者日和专题活动组织员工迈开脚步，更发动社会各界一同跑起来。此外，活动参与者也可选择将跑步公里数折算为资金，助力小微企业发展。

活动受益儿童回馈画作

浦发银行计划在 2017 年底前向上海市儿童健康基金会总共完成 150 万元人民币的捐赠，用以支持贫困家庭儿童眼健康手术，彰显浦发银行以开放、普惠的大爱精神，发挥企业公信力投身公益创新实践，倡导健康生活方式，传递健康与光明。

（3）多元化：遍地开花，处处结果。2015 年，浦发银行总、分、支行主要发起或参与各类社会公益活动，涉及促进教育公平、支持贫困地区发展和灾区重建、帮扶弱势群体、支持大学生参与行业实习、促进体育事业发展等方面。

（二）鼓励志愿服务

浦发银行在以公司为主体发起和参与多项公益项目之余，注重调动每一名员工的履责积极性，重视员工爱心资源的管理，将员工志愿者活动纳入公益管理范畴。截至 2015 年末，公司已连续 8 年开展全行"志愿者日"活动，累计 5 万余人次参加，将"我奉献，我快乐"的志愿服务精神向社会公众广泛传播，积极践行企业社会责任，培育责任文化，打造责任品牌。

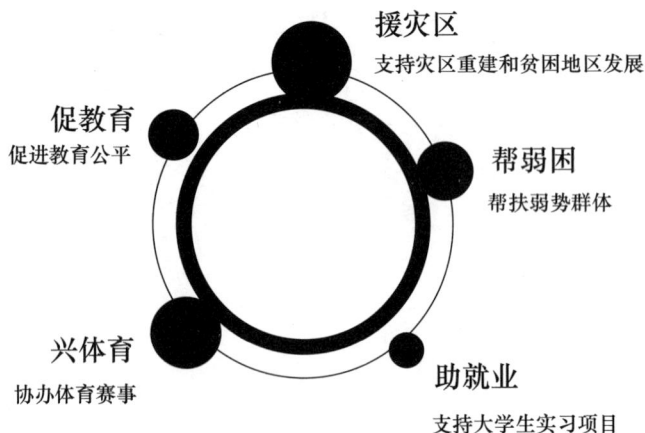

图 18 - 4　浦发银行多元化公益领域

四、中海发展：责任担当，共建和谐[①]

中海发展不仅满足于做资源和能源的"搬运工"，更是经济财富的创造者、社会幸福的奉献者、碧海蓝天的守护者。中海发展注重从增进整体社会福利的角度来审视、调整和规划自身的经营、管理和社会贡献活动，以高度的企业公民意识参与到社区共建和弱势群体帮扶中，促进地区社会发展。

（一）积极参与海上救助

一直以来，中海发展都积极参与海上人道主义救援，积极与各方联手共建海洋安全。2015 年 10 月 27 日上午，中海散运派出"安国山"轮参加由广州市海上搜救中心、香港海上救援协调中心、澳门海事及水务局在南沙港举行的 2015 年粤港澳三地海上联合搜救演习。"安国山"轮在此次演习中展现出高度责任感和高效、专业的海上救援技能，获得了参与各方的高度认可与尊重。

（二）扶持地方经济社会发展

中海发展坚持通过对口支援和专项扶贫行动支持地方经济社会发展。为

---

① 见《中海发展股份有限公司 2015 年企业社会责任报告》。

了更方便、快捷地调动公司资源，2015 年中海散运调派 3 人次到云南永德县挂职。在深入了解永德县实际情况的基础上，将教育帮扶、基础设施建设帮扶、卫生医疗帮扶、经济产品开发等作为切入点，制定了切实有力的措施，助力永德经济社会发展。

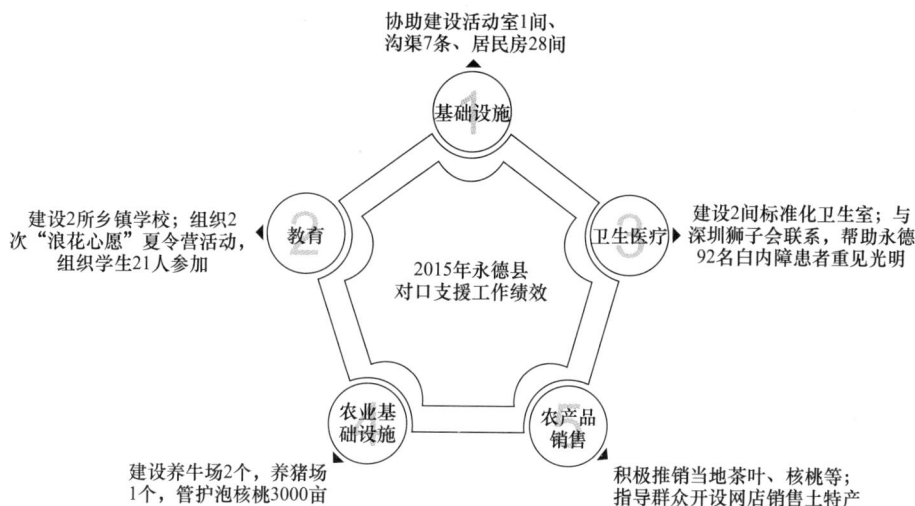

协助建设活动室1间、沟渠7条、居民房28间

建设2所乡镇学校；组织2次"浪花心愿"夏令营活动，组织学生21人参加

建设2间标准化卫生室；与深圳狮子会联系，帮助永德92名白内障患者重见光明

1 基础设施
2 教育
3 卫生医疗

2015年永德县对口支援工作绩效

农业基础设施
农产品销售

建设养牛场2个，养猪场1个，管护泡核桃3000亩

积极推销当地茶叶、核桃等；指导群众开设网店销售土特产

图 18-5 中海发展 2015 年永德县对口支援工作绩效

（三）培育行业人才

中海发展与集美大学、上海海事大学、广州航海学院等航海类高等院校保持密切的合作，以自身的资源和优势参与到未来高素质航海人才的培养中。

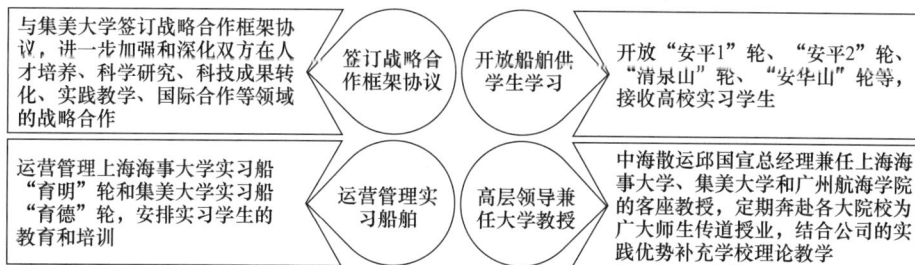

与集美大学签订战略合作框架协议，进一步加强和深化双方在人才培养、科学研究、科技成果转化、实践教学、国际合作等领域的战略合作

签订战略合作框架协议

开放船舶供学生学习

开放"安平1"轮、"安平2"轮、"清泉山"轮、"安华山"轮等，接收高校实习学生

运营管理上海海事大学实习船"育明"轮和集美大学实习船"育德"轮，安排实习学生的教育和培训

运营管理实习船舶

高层领导兼任大学教授

中海散运邱国宣总经理兼任上海海事大学、集美大学和广州航海学院的客座教授，定期奔赴各大院校为广大师生传道授业，结合公司的实践优势补充学校理论教学

图 18-6 中海发展多措并举培养航运人才

（四）汇聚点滴爱心

中海发展关注弱势群体，持续开展公益助学和各类志愿服务活动，坚持传播志愿服务理念和精神，推动社会发展。

（1）关注弱势群体：2015年，中海油运在浦东新区书院镇余姚村开展文明共建和金秋助学活动，慰问困难村民家庭数10户，向大学生发放助学金5500元，共送上帮困慰问金2万余元。此外，中海发展积极调动员工的力量，组织主题义卖、"快乐志愿·力量中海"公益众筹等活动，汇聚公司员工点滴爱心，为云南贫困地区的儿童筹集善款，改善生活质量，完成学业。

（2）开展志愿活动：中海发展推动志愿服务常态化、规范化、制度化，每年拨付专项公益资金，设计志愿服务活动和项目，鼓励员工参与志愿活动，为社会奉献自己的爱心。2015年，中海发展共组织各类志愿服务活动31次。

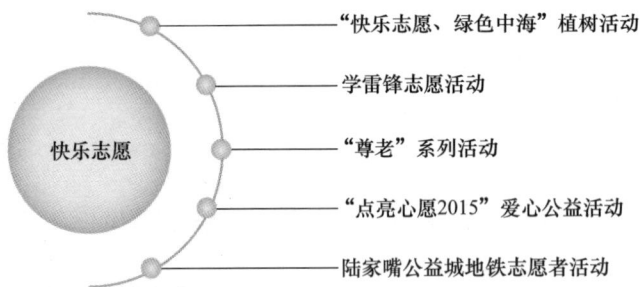

图18-7　中海发展志愿活动（2015年）

五、上海电力：奉献爱心，播撒希望[①]

秉持"奉献绿色能源，服务社会公众"的企业精神，上海电力积极履行对社会"成为最自觉的社会责任承担者"的承诺，用实际行动，切实履行海内外社会责任，坚定不移做爱心希望播撒者。

---

① 见《上海电力股份有限公司2015年企业社会责任报告》。

（一）志愿服务，递温暖

上海电力秉承"奉献、友爱、互助、进步"的志愿精神，不断壮大志愿者队伍，坚持将一个个公益项目做实扎稳，连续多年开展"映山红"志愿服务活动和无偿献血活动。2015 年，公司共有志愿者 2208 人，参与志愿活动 2186 人次。

案例：吴泾电厂保护母亲河行动

王显明老人是上海市吴泾地区"保护母亲河"活动的第一代创始人，他留下的"黄浦江吴泾段潮汐表"激励着一代又一代"打捞人"。为更好地把王显明老人的精神传承和发扬下去，吴泾镇组建"王显明保护母亲河俱乐部"，共有 20 多支团队、1000 余名志愿者参与。

2015 年 1 月，吴泾电厂加入"王显明保护母亲河俱乐部"，规律性地开展打捞工作，发挥钳工技艺优势制作并捐赠打捞竿。2015 年 9 月 18 日，该厂 5 名青年还参加了"王显明保护母亲河俱乐部"举办的"绿生活·手作坊——环保机器人"环保志愿活动。

"我是上海电力吴电热电厂一名普通的员工，工作之余，我还是上海电力保护母亲河志愿者中的一员。自从加入公司 2003 年成立的志愿服务队，只要周末没事我就会约几个同事带着电厂自己制作的打捞竿去吴泾公园打捞，冬日寒冷、夏日炎热，春秋是水藻生长最旺盛的季节，但大家都没有停下，似

乎已经成了生活中必不可少的部分，就像强身健体的户外活动一样。看到我们干活还能这么快乐，公司越来越多的同事都参与进来，我心里觉得特别自豪。我希望越来越多的人参与到这项活动中来，把公益当成一种快乐，而不是一种负担。"

——上海电力吴电热电厂员工

（二）扶贫助困，彰责任

上海电力持续开展扶贫助困，加大扶贫资金投入，开展帮困助学活动，支持弱势群体和落后地区发展。"十二五"期间，公司共投入扶贫基金198.50万元，帮助205户困难家庭，惠及7584人。

（三）全球公民，共和谐

随着海外业务的扩展，上海电力的足迹遍布越来越多的国家，上海电力积极为当地基础设施建设、社区建设贡献力量，争做合格的全球公民。上海电力注重促进海外运营所在国的就业和海外本地员工的职业发展。2015年，公司海外项目直接创造就业岗位37个，海外员工本地化比例达到80%。

图 18-8 代表团

（1）上海电力在土耳其：圆满完成G20峰会安保工作。2015年11月15日至16日，备受关注的G20峰会在土耳其安塔利亚召开。上海电力员工收到

了中国驻土耳其大使馆的邀请，配合大使馆参与 G20 峰会的安保工作。11 月
14 日，中国国家主席习近平抵达土耳其安塔利亚。项目部全体人员按照使馆
要求，坚守岗位，全神贯注，尽心尽责，给当地华人和土耳其人留下了深刻
的印象。16 日，项目部人员圆满完成了 G20 峰会的安保任务，得到了中国驻
土耳其大使馆的高度认可。大使馆在给上海电力土耳其阿特拉斯项目部的感
谢信中说："贵公司土耳其阿特拉斯运维项目部不辞辛苦，转战千里，克服了
种种困难，圆满完成了任务，为确保习主席代表团出席峰会安全，为峰会的
圆满成功做出了重要贡献。"

（2）上海电力在马耳他：积极融入当地，打造影响力。在马耳他经营过
程中，公司严格遵守当地法律法规，积极融入当地社区。2015 年以来，马耳
他公司积极配合和支持中国大使馆经济商务参赞处以及文化中心的各种活动。
当地各类组织和企业也十分热情地邀请上海电力出席活动，推荐介绍投资项
目。2015 年以来，"上海电力"不断在各类场合被各界人士提及，马耳他国
家政府网站的新闻公告处，马耳他能源和卫生部以及马耳他经济部 2015 年发
布过多篇新闻稿，从促进马耳他经济、振兴能源行业、造福民生等方面，肯
定了上海电力的投资产生的积极而深远的影响。

（3）上海电力在伊拉克：加强当地员工培训。上海电力在伊拉克项目开
展过程中，培训伊拉克当地人进入电厂工作。现场跟班的伊拉克学员在中国

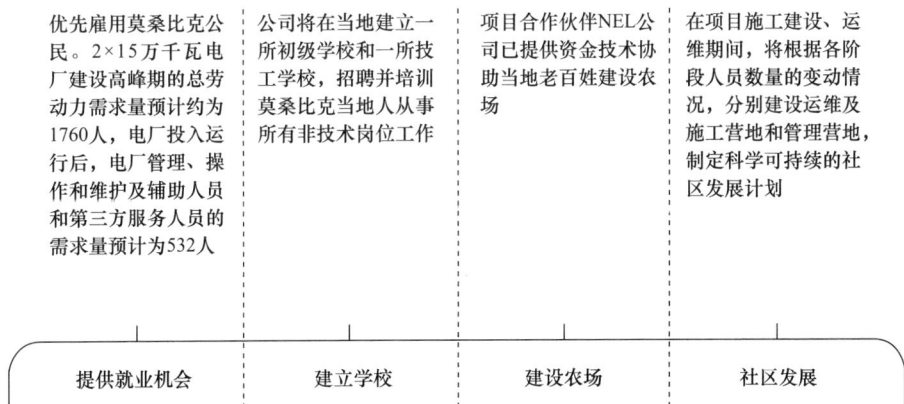

优先雇用莫桑比克公民。2×15万千瓦电厂建设高峰期的总劳动力需求量预计约为1760人，电厂投入运行后，电厂管理、操作和维护及辅助人员和第三方服务人员的需求量预计为532人	公司将在当地建立一所初级学校和一所技工学校，招聘并培训莫桑比克当地人从事所有非技术岗位工作	项目合作伙伴NEL公司已提供资金技术协助当地老百姓建设农场	在项目施工建设、运维期间，将根据各阶段人员数量的变动情况，分别建设运维及施工营地和管理营地，制定科学可持续的社区发展计划
提供就业机会	建立学校	建设农场	社区发展

图 18-9　上海电力莫桑比克项目促进当地发展

运行人员的带教中，慢慢熟悉了现场的基本运行方式，已经可以进行基本的运行操作。截至2016年1月，第三批培训工作结束，有48名集控岗位的学员正式跟班学习、化学11人（8名化学控制室，3名试验班）。

（4）上海电力在莫桑比克：促进当地社区发展。莫桑比克项目的开发建设对莫桑比克及太特省地方经济社会的发展起到极大的促进作用。

第十九章

员工责任

作为公司的重要的利益相关方之一，员工是公司最宝贵的资源之一。企业的快速发展，离不开公司员工的努力与付出，企业应该为员工营造和谐良好的工作氛围，让员工成就职业梦想，努力履行好员工责任，实现员工与公司的共同成长。

本次研究梳理上海地区 222 家上市公司，上海复星医药（集团）股份有限公司、东方证券股份有限公司、中海发展股份有限公司、中国太平洋保险（集团）股份有限公司、上海国际港务（集团）股份有限公司在履行员工责任方面具有领先优势，这 5 家企业具有成熟的人才发展理念及战略，健全的人才培训和发展机制，重视员工权益保护，努力促进企业和员工共同发展。

一、复星医药：多元培训与发展，促进人才可持续发展[①]

复星医药集团高度重视人才的可持续发展，秉承"追求个人成功与企业发展的高度和谐统一"的人才经营战略，在公司快速发展的同时，最大限度地将员工个人与企业发展高度关联，为更多的优秀人才提供发展空间，为员工提供发现价值、提升自我的平台，把企业进步与个人价值的提升高度融合。公司主要通过建立培训发展中心、健全培训发展体系和实施人才发展与激励机制等措施来促进人才的可持续发展。

（一）培训发展中心

随着集团的飞速发展，如何为公司源源不断地提供发展需要的人才已经

---

① 见《上海复星医药（集团）股份有限公司 2015 年企业社会责任报告》。

成为公司亟待解决的问题。集团成立了培训发展中心，它作为文化传播的使者、知识管理的专家、人才培养的摇篮、资源整合的平台，以培训管理和员工发展为主要职能，联合成员企业的培训团队，结合企业同员工的发展需求，从人才评估、选拔到培养，形成一整套全方位的员工培养体系。

（二）培训发展体系

2015 年，公司在继续深耕药品、医疗器械、医学诊断技术的创新研发及制造的同时，还积极发展优质的医疗服务体系，努力推进药品分销、零售的整合和变革，热情参与移动医疗事业等。伴随着业务的迅猛发展，培训中心的课程内容也变得更广（主题多）、更轻（课时短）、更灵活（移动端交互），同时覆盖的受众也变得更为多样化，不同板块及企业，不同职位和级别的员工都踊跃报名，积极参与。

2015 年，复星医药的培训体系继续依托企业文化，开展四大系列的培训课程/项目，即"新员工系列"、"领导力发展系列"、"专业发展系列"和"通用工作技能系列"。

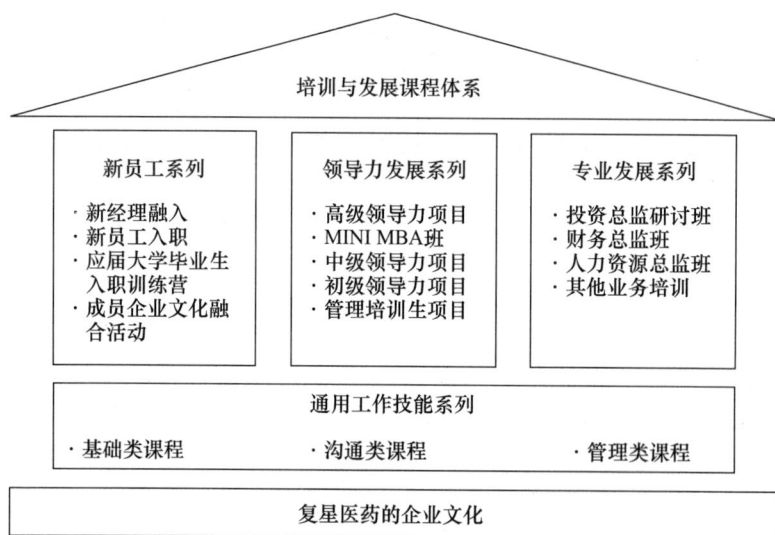

图 19-1　复星医药培训发展体系

（1）新员工系列：为新加入复星医药的每一位员工提供内容翔实的入职培训，并对其入职后的 2 个月内持续加以关注，帮助新人更好更快地融入复星医药的大家庭之中。2015 年，起草并实施了《新人 60 天计划》、开展应届生 7 天训练营、未来企业家训练营等。

（2）领导力发展系列：对新任的、有一定经验的，以及资深的管理人员，提供有针对性的管理能力和领导力提升项目，加速领导力的发展，为公司储备优秀的管理人才。2015 年，针对管理培训生推出了有复星医药特色的《星冉计划》，通过定期聚会交流、移动端学习工具、职业导师辅导、学习小组开展项目等方式，激发活力、集思广益，汇聚才智，共同成长。

（3）专业发展系列：结合不同专业条线的特定需求，设计符合关键岗位族群发展需要的课程和项目，打造系统化、深度化的专业人才。2015 年，各个条线积极开展专业化的学习活动，尤其通过与外部对标企业的相互交流和走访，使经过实践检验的知识和经验得到引用和借鉴。如互联网人才走入华为、HR 参访腾讯和百度等。

（4）通用工作技能系列：不断加入的新鲜血液对自身综合职业能力的打造非常关注，为此我们组织了种类多样的通用职业技能课程，报名人员大多来自于成员企业，且部分课程还进入企业内部进行开展。2015 年，我们新开发了一批内部讲师并新增了多门课程，同时积极向成员企业输送高质量的课程和讲师资源。

（5）企业文化：通过开展各种文化宣传活动，让全员感受到"复星医药一家"的文化氛围。2015 年，开展了读书月、生日会、"奔跑吧·复星医药"团建活动、新春登高接力赛、退休员工欢聚等多项活动。

（三）人才发展与激励

复星医药强调"以业绩考核人"，公司绩效管理体系的设计、实施、结果运用都围绕着全面、客观地评价员工的综合绩效、提高员工素质、能力、业绩表现和岗位要求的匹配度，促进员工和公司的共同可持续发展不断完善。复星医药注重"以事业凝聚人"，公司建立了一套激励机制，与员工共同分享发展的成果，从而让员工能够在公司获得职业成就感，并愿意长期为公司的发展贡献自身的力量，复星医药的长期激励体系在不断的完善中实现了对业务发展的战略支撑和独创性，在战略层面上有效地支撑了投资和运营两个战略举措，并全面覆盖了公司和各成员企业，推动了公司和成员企业长期绩效目标的达成，起到了激励和保留人才的管理目标。

二、东方证券：创造幸福生活，实现共同发展[①]

东方证券将"为员工创造幸福生活"作为重要使命，通过为员工营造和谐良好的工作氛围，让员工成就职业梦想，提升生活质量，增强员工的安全感、归属感、荣誉感，实现员工与公司的共同成长。

（一）平等雇佣

东方证券基于德才兼备的选才原则，通过社会和校园多渠道进行招聘。东方证券遵守国家《劳动合同法》及相关法律法规，与员工在自愿平等、协商一致的前提下，在入职当天即签订劳动合同，明确双方权利义务，依法确立劳动关系。公司劳动合同签订率达100%，且所有员工都受集体协商协议保障。公司未雇用童工。

公司不断完善薪酬福利体系，让各项福利措施覆盖到所有员工。根据国家和地方有关法律法规，公司按时足额为员工缴纳各项社会保险（养老保险、医疗保险、失业保险、工伤保险及生育保险）和住房公积金。同时，根据国家相关法规，公司建立企业年金和补充医疗保险，为员工提供补充养老和补充医疗保障。每年公司根据工作地当地人力资源和社会保障部门公布的最低工资标准，按当地相关规定对员工工资进行调整。公司定薪以市场化为导向，以绩效考评结果为分配依据，努力让员工获得有竞争力的薪酬和完善的福利保障。

公司员工在工作中有任何意见，可以与所在部门进行协商，协商不成可以由人力资源管理总部进行协调，工会办事机构作为员工劳动法律保障的监督机构出具独立意见。员工也可按制度，向公司依法设立的劳动争议与调解委员会提出申诉，在该委员会的协调下解决争议。

[①] 见《东方证券2015年企业社会责任报告》。

（二）民主参与

为了更好地维护员工自身合法权益、更有效地约束监督公司经营，同时增加信息的传递与流动，公司通过完善的机制为员工参与企业管理提供渠道。让员工在充分履行知情权、建议权、参与权、监督权等基本民主权利的同时，实现民主管理。

东方证券按照《职工代表大会条例》等文件规定，严格开展年度职工代表大会。公司 2015 年职代会完成了换届选举，进一步完善了工会组织架构，并构建三级架构：集团公司工会、部门工会、工会小组。东方证券以总部、营业部为单位，设有 81 个部门工会，异地以地区为单位设立分工会。近几年来，公司广大工会工作者和工会会员，认真落实"组织起来、切实维权"的工作方针，围绕中心、服务大局，大力推进工会改革创新、增强工会组织凝聚力，在维护公司稳定和发展、维护员工合法权益等方面取得了一定成效。

2015 年公司基于劳务派遣公司协商，签订了劳务派遣会员委托管理协议，为切实维护员工合法权益提供了有力的组织保障。工会自成立以来一直设有女职工委员会。

（三）员工发展

企以才治，业以才兴。面对公司完成上市、跨越发展的新阶段，东方证券紧密围绕公司新三年战略规划，以"搭建平台，完善机制，完善结构"为主要目标，以"引能才、重培养、促流动、强考核、优激励"为实施手段，运用互联网技术和平台，持续提升人力资源效能。

为了给公司创新发展提供人才支持，2015 年公司通过"东方精英"总部中层后备干部选拔培养计划、"东方之星"财富管理管培生计划、"金帆行动"青年员工建功成才大赛，创新人才培养机制，全面加强人才梯队建设。

东方证券以"促进资源共享，打造学习型组织"为宗旨，搭建了由公司、部门和个人层面相结合、符合差异化需求的课程体系，分类别、有重点地举办各项管理及业务培训项目，不断扩大培训覆盖面。为提高员工学习关注度和参与度，扩大培训覆盖面，激发员工学习热情，提高员工专业素养，公司不断尝试创新培训形式、丰富培训内容、优化公司网络、移动学习平台，搭建了由公司、部门和个人层面相结合、符合差异化需求的客场体系，形成了内部培训常规化，外派培训个性化，网络、移动培训普及化的良好局面。

三、中海发展：打造卓越团队，追求共同成长①

人才是企业实现可持续发展的关键。中海发展以广阔的发展前景和温暖的员工关怀汇聚各方人才，帮助员工实现个人价值，追求企业与员工共同成长。

（一）保障员工基本权益

中海发展遵守国际人权公约，坚决反对童工和强迫劳动，着力打造多元人才相互学习、相互启发的空间。2015年，中海发展共有员工736人（不包括船员），包括2名残疾员工、13名少数民族员工、42名境外员工。在完善和落实员工工资和福利待遇的基础上，中海发展进一步增强薪酬方案的透明度和公平性。同时，以"赛马制"全面落实绩效工资制，着力打破薪资天花板模式，激发员工的积极性和主动性。中海发展根据《女职工劳动保护法特殊规定》，落实女性职工的婚假、产假、育婴假，并着力保障女性职工的育婴假后返岗工作。

工会、职代会和员工大会作为三个常设的沟通平台，是中海发展与员工进行持续沟通的基础保障。中海发展一方面完善提案反馈机制，以书面反馈的形式保证所有提案员工对公司处理方案的知情权；另一方面进行员工参与形式、沟通内容的突破与创新，力求让员工的智慧得到更好的发挥。中海油运通过"金点子"活动来激发员工参与公司管理的活力。"金点子"活动主张"人人都是管理主体，事事都有提升空间"，鼓励每一位员工通过积极反思日常工作并发现问题，提出合理的、具有实践意义的"点子"。为了让员工深入了解与自己切身利益相关的制度和规定，克服以往工作中信息数量庞大、不易获取、可读性差等困难，中海油运在微信公众平台上专设了"船员关心的热点难点问题解答"板块，以简洁明了的问答形式，解答船员们关心的各类问题。

---

① 见《中海发展股份有限公司2015年企业社会责任报告》。

（二）助力员工成长发展

中海发展视员工为企业最宝贵的财富，致力于为员工打造成长和发展的广阔平台。根据《2014～2015年中海散运干部人才发展实施计划》和《2014～2015年中海油运干部人才发展纲要》，中海散运、中海油运进一步完善了人才培养体系和晋升管理制度，为员工的成长和发展保驾护航。2015年，中海发展以业务类型为基础，搭配最合适的学习方式，建构多元培训体系；并同步推进培训内容的研发，进一步完善课程体系。

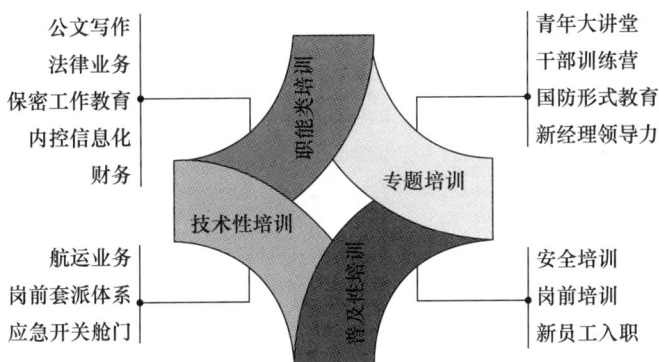

图19-2 中海发展多元培训课程体系

在全球化发展战略定位下，中海油运将发现和培育国际化人才提升为公司经营战略之一。在积极利用集团资源、引进和培训有潜力的人才之外，着力提升自主培养国际化人才的能力。一方面，中海油运加强与海事大学的合作，定向培训高素质人才；另一方面，借助各个国际合作项目和公司海外网点日渐成熟的契机，遴选优秀青年人才到企业海外网点和国际组织观摩、学习，提高员工参与国际竞争的能力。

（三）关怀员工幸福生活

中海发展致力于为员工提供温暖、快乐、健康的工作和生活环境，通过积极回应员工需求、组织和开展各类文体活动，丰富员工业余生活，提升员工幸福感。

2015年，中海散运将慰问活动制度化，通过制定《中海散运职工慰问实施办法（暂行）》，将慰问的覆盖面扩大到全体员工。公司领导直接深入一线，倾听员工心声，解决员工的需要。为了给备孕期、怀孕期和哺乳期的女性提供一个私密、干净、舒适、安全的休息场所，中海散运建起了"爱心妈咪小屋"，贴心服务延伸了对女性员工的关怀。

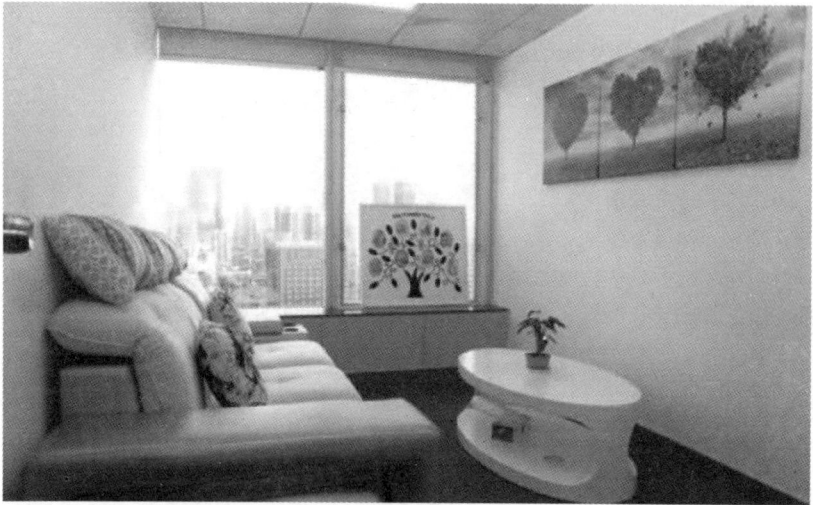

图 19 - 3　爱心妈咪小屋

同时，中海发展关注员工生活工作的平衡。2015 年，中海发展持续组织年度大型文体活动，结合节日开展丰富多彩的游园、竞技和素质拓展等主题活动，丰富员工业余生活。

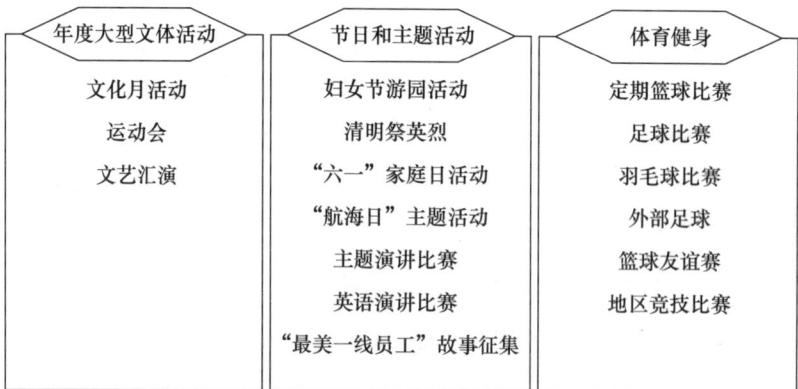

年度大型文体活动	节日和主题活动	体育健身
文化月活动	妇女节游园活动	定期篮球比赛
运动会	清明祭英烈	足球比赛
文艺汇演	"六一"家庭日活动	羽毛球比赛
	"航海日"主题活动	外部足球
	主题演讲比赛	篮球友谊赛
	英语演讲比赛	地区竞技比赛
	"最美一线员工"故事征集	

图 19 - 4　中海发展年度活动情况

四、中国太平洋保险：携手成长 温暖关怀①

员工为企业发展提供了源源动力，是企业价值持续增长的基础。中国太平洋保险的每一次成长，都归功于太平洋保险人的共同努力及默默无闻的付出。中国太平洋保险珍视员工，关注员工所需，尽力为他们创造良好的工作环境。

（一）多元化教育培训

中国太平洋保险将教育培训体系建设与员工职业生涯发展进行更为紧密的结合，收集并分析与培训有关的数据，了解员工的真实需求，多层次、全方位地开展各类培训。面向青年员工，公司组织了"青年员工职业训练营"，围绕"职业价值观塑造"和"职业化技能提升"两大主题，通过自我认知测评、团队拓展训练、职业技能培训和成果汇报展示等一系列活动，对基层员工和新进管理培训生进行培训，实现岗位胜任力的全面提升。面向管理层人员，公司举办了"核心梯队人才发展培训"，以"打造组织创新力"和"提升管理领导力"为主题，开展了多元化的培训活动。

同时，为帮助营销员更快更好地理解保险、掌握保险销售与服务的方法，促进营销员留存，中国太平洋保险在2015年对培训体系进行了全面更新和突破，围绕"聚焦"、"整合"、"转变"、"加强"、"创新"五大领域，构建了以任务为导向的培训模式。

（二）健康安全的环境

中国太平洋保险面向集团、子公司及分公司的员工广泛开展应急救护培训，普及员工应对自然灾害和突发事件的现场应急救护知识与技能，涉及心肺复苏、气道异物梗阻、烧烫伤及各种止血、包扎等内容。在集团组织的四场急救讲座和两期急救认证培训的基础上，我们成立了"太保急救志愿队"，旨在将学员所学到的急救知识转化成为更多人服务的实际行动，力争为广大员工营造一个更加安全、安心的职场环境。

中国太平洋保险以多元化的方式实践着对员工健康守护的承诺，先后针对

---

① 见《中国太平洋保险（集团）股份有限公司2015年企业社会责任报告》。

聚焦	· 制定《2015年分公司个人业务培训工作评价办法》，明确培训工作评价指标 · 通过会议分享、微信交流、重点帮扶等多种方式提供训练机会 · 针对新人长险举绩率、转正率的达成，设立相应的奖励机制，有效提升训练质量
整合	· 整合《培训综合评价办法》、《讲师管理办法》、《培训评优方法》等培训管理制度，建立统一的培训及评价方法，提升管理效率 · 对兼职讲师、组训讲师、专职讲师等师资队伍的管理和培训进行了整合 · 整合各渠道各自开发的教材，以体现统一公司文化、保持渠道特色为原则，打造了"公共课程+渠道课程"大培训教材体系
转变	· 自主研发并推动"Mini Meeting"，由业务团队及个人自主举办，形式更为灵活、更具针对性 · 针对主管自主经营能力开展提升培训 · 总结最佳实践案例，在业务员中进行经验分享
加强	· 从培训架构、制度、新人培养，以及分享优秀培训经验等方面加强对分公司培训工作的指导 · 加强合规培训，将合规课程全面嵌入销售队伍各项培训项目中，提升营销员素质及合规意识
创新	· 研发完成微课堂"即时考"，营销员可随时随地通过手机进行自我测试、代理人资格模拟测试和产品测试 · 研发微信签到系统，实现对培训班全流程、实时化、无纸化管理

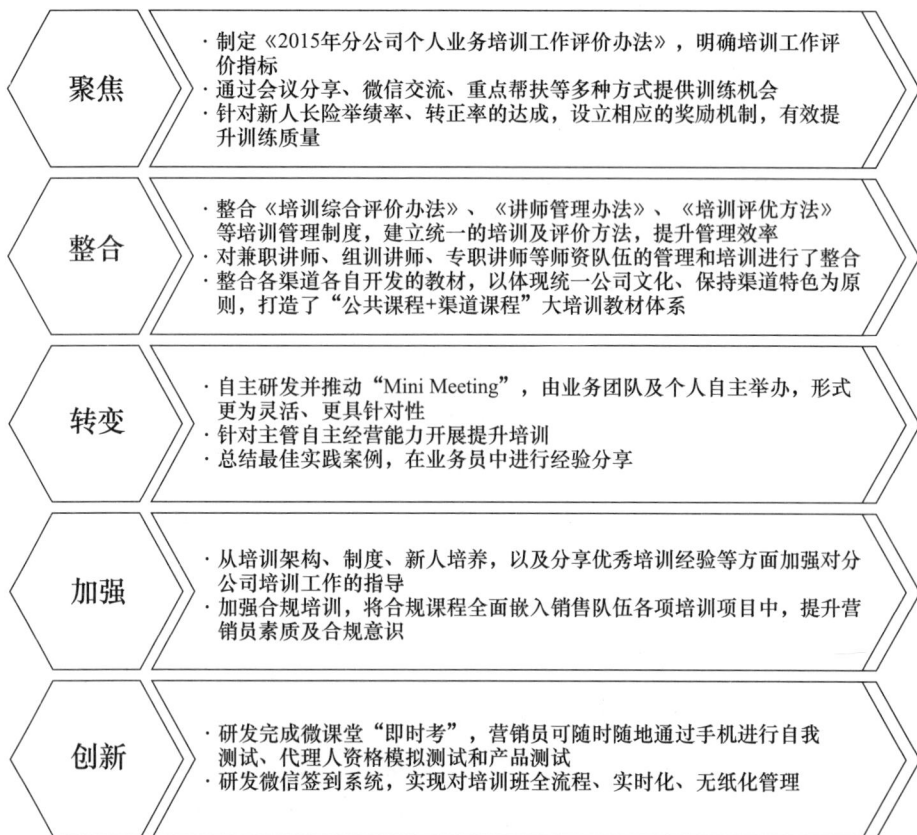

图 19 - 5　营销员五大培训体系

癌症、呼吸道疾病等方面组织健康讲座，邀请专家为员工普及疾病预防和保健的基本知识。例如，公司推出的集团专属健康保险福利"员工及家属关爱计划"，可为被保险人提供良好的就医环境、专家一对一细心问诊、用药不受医保限制等高端就医体验，以及一系列健康管理增值服务，希望为员工及家庭的健康生活增添一分色彩。

同时，针对不同阶段女性员工的需求和特点，我们精心组织了女性健康讲座、爱心妈咪沙龙等系列"关爱女性"活动，充分体现对女性员工的特殊关爱。例如，举办"关爱女性从呵护乳房健康开始"讲座，邀请医学肿瘤专家讲解乳腺癌的风险因素和防控策略，并现场进行咨询和答疑。邀请保健院资深医师为怀孕或备孕女员工讲解新生儿护理、母乳喂养技巧等知识，并为员工们示范新生儿护理的标准动作。爱心妈咪小屋自 2010 年创建以来，为各阶段的妈妈们带去了多样的关爱和温暖。2015 年，爱心妈咪小屋根据哺乳期妈妈的实际需求，再添空气净化器和紫外线奶瓶消毒柜等新设备。

五、上港集团：坚持以人为本，实现共建共享①

上港集团重视人才的可持续发展，立足"忠诚敬业、强港立人"的企业精神，坚持"科技强港和人才强港"的人才战略，以人为本，大力推进和谐家园建设，以员工共建共享为第一要义。

（一）员工持股计划

长期以来上港集团一直积极探索混合所有制公司的发展，探讨员工股权激励方案与实施的研究性课题。为进一步建立和完善公司与员工的利益共享机制，增强职工的凝聚力和公司发展的活力，不断提升公司治理水平，更好地促进公司长期、持续、健康发展，公司于 2015 年 6 月通过非公开发行方式实施了"上港集团 2014 年员工持股计划"。此次员工持股计划反映良好、参与度极高，展现了从管理层到普通员工对公司未来发展的信心，同时逐步形成了员工与企业之间联系更加紧密的利益共同体，掀开了上港集团与员工共担责任、共创未来的历史新篇章，并为国企混合所有制改革树立了标杆。

（二）员工权益保护

上港集团始终坚持以人为本，尊重和保护员工的各项合法权益。

首先，公司在 2015 年内围绕完善职工代表大会制度，通过组织职工代表联系职工活动、开展提交提案职工代表与相关承办部门见面活动、推进各基层单位召开厂情发布会等多样的形式，进一步扩展职工代表履职途径。

其次，公司依据市总工会关于 2014～2018 年集体协商提质增效工作规划和基本要求，不断健全完善《上港集团集体协商规则》，规范程序、细化条款、强化落实。集团职工代表以高度的主人翁意识，充分发表各自的意见和建议，于 2015 年 1 月完成了公司 2015 年职工工资专项集体协议的签订工作。

① 见《上海国际港务（集团）股份有限公司 2015 年可持续发展报告》。

最后，上港集团保护女职工权益，设立女职工委员会。公司根据《中华人民共和国妇女保障权益法》和《上海市女职工劳动保护办法》的规定，从2008年开始推行女职工专项集体合同，保障女职工在劳动中的安全和健康，2015年，公司签署女职工特殊权益保护协议，有效地维护女职工的合法权益和特殊利益。

（三）推进民主管理

公司支持员工就劳动纪律、保险福利、休息休假等涉及员工切身利益的规章制度或重大事项开展集体协商，并在所有经营活动中为支持这些权利而采取相应的风险评估措施。公司建立了各级工会组织和职工代表大会制度，坚持和完善职工代表大会、厂务公开等基层民主管理制度。

在职工代表大会方面，公司严格按照"三重一大"制度的规定，就公司重大决策、重要干部任免奖惩、重大项目安排和大额度资金使用提出实施意见，明确基层单位领导人员后备人选须经民主程序才可确定，确保了员工的知情权、参与权、表达权和监督权，切实维护好员工的民主权利。

在厂务公开方面，2015年，在各级党委的领导下，公司持续推进厂务公开。下属基层单位纷纷创新厂务公开的渠道和形式，复兴公司、处理公司通过微信平台开展形势任务教育、公布立功竞赛活动排名和奖励情况，引航站、沪东公司设立可触式电子厂务公开栏，冠东公司、盛东公司每月拍摄制作企业新闻，这些创新媒介使职工获取信息的方式更为便捷，公开信息传播的范围也逐步扩大，获得了职工群众的认可。

（四）完善薪酬福利

公司按照《中华人民共和国公司法》、《上市公司治理准则》以及有关法律法规和规定，严格和规范薪酬决策程序，不断完善绩效评价与激励约束机制。同时，公司严格执行国家有关劳动人事的法律法规。规范实施公司薪酬福利的分配和支付，为进一步调动广大员工的积极性、主动性和创造性，积极探索建立以公平为基础、效率为导向、岗位为核心、绩效为依据的富有竞争力的激励型薪酬分配机制。

具体而言，开展基本薪酬制度改革，实现集团薪酬管理的标准化、规范化和制度化，统一集团基本薪酬，建立集团基本薪酬，建立合理增长机制，构建和谐劳动关系，建设上港和谐家园，充分调动职工的积极性和创造力；出台《上港集团基层单位及机关部门党政领导人员任期（2015～2016年）经营业绩考核办法》，加强对领导班子和领导人员的考核评价，进一步扩大职工群众的参与和监督力度，扩大考核民主、提高考核公信度；同时，建立健全公司激励与约束相结合的中长期激励机制，充分调动公司经营管理团队的积极性和创造性，实现公司的可持续发展；实施公司员工福利计划，为员工提供企业年金、补充公积金和补充医疗保险。

|第二十章|
环境保护

随着经济社会的发展，环境保护问题已经成为社会各界关注的焦点。上市公司如何在生产经营过程中减少对外部环境的不良影响、如何生产出对环境影响较低的环保产品等是上市公司履行环境责任、实现可持续发展的重点议题。

上市公司履行环境责任主要包括三个层面：一是在理念层面上，建立健全企业环保理念，开展内外部环保培训与宣教等；二是在制度层面上，开展企业内外部的环境、能源管理，建立健全完善的环境管理组织和制度体系；三是在实践层面上，开展清洁生产、节能减排，减少资源、能源消耗，减少"三废"排放，带动价值链上下游企业共同履责等。

本次研究梳理上海地区 222 家上市公司，环旭电子股份有限公司、上海复星医药（集团）股份有限公司、中国联合网络通信股份有限公司、上海国际港务（集团）股份有限公司、中海发展股份有限公司在环境保护工作方面具有领先优势，这 5 家企业具有成熟的企业环保理念及战略，建立完善的环境、能源管理体系，坚持节能减排，带动供应链共同履行环境责任，打造绿色价值链。

一、环旭电子：落实绿色责任，实现环境永续[①]

环旭电子致力于环境永续相关议题，重视对环境的保护，在气候变迁的议题上，扮演着积极的角色，也有着丰硕的成绩：除了将环境保护的相关考

---

① 见《环旭电子股份有限公司 2015 年企业社会责任报告》。

虑整合入公司的经营决策与营运管理外，由企业董事会和高阶主管承担起管理责任，与公司相关利害关系人沟通，提出应对气候变迁的改善政策，并于每年持续推动 ISO 14001、ISO 14064－1、能源管理系统及清洁生产等，通过环境信息的有效揭露，进行绿色管理，落实环旭电子的绿色责任。

（一）绿色政策

环旭电子除致力于提供高质量产品及服务外，打造环保、健康以及安全的工作环境，也是环旭电子积极努力的方向。因此环旭电子在环境保护、职场安全、健康（EHS）三大重要目标下，制定了环境、安全卫生及能源政策（简称环安卫及能源政策）。将内部有限资源做最适当运用，要求公司每一分子皆须遵守下列行动方案，以降低公司活动、产品或服务对环境的冲击及对员工安全卫生的危害，以落实企业社会责任。

长期以来，环旭电子致力于降低生产流程对于环境所造成的负面影响，依据环安卫及能源政策，有效管理原物料使用、能源节约、废弃物排放、温室气体减量及水资源利用。

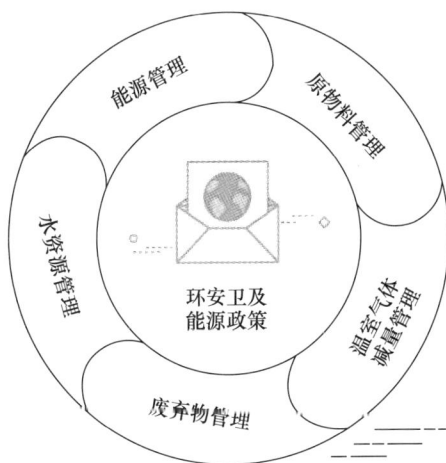

图 20－1 环旭电子环安卫及能源政策

（二）绿色承诺

为展现环旭电子之绿色推动、追求环境与人文的和谐对话与共存发展，由"绿色及环安卫管理部门"确保公司的产品及作业体系符合国际环保法令和客户标准的要求。从绿色供应链中产品原物料的取得至产品的最终处置，实行一连串预防性的绿色管理措施，以降低产品及其制程对环境的负面影响。此外，环旭电子更通过内部教育推广及积极参与外部论坛，传递爱护地球、友善环境的绿色理念，期望通过企业、员工、供应伙伴三方齐心努力，实践环旭电子身为企业公民的绿色承诺。

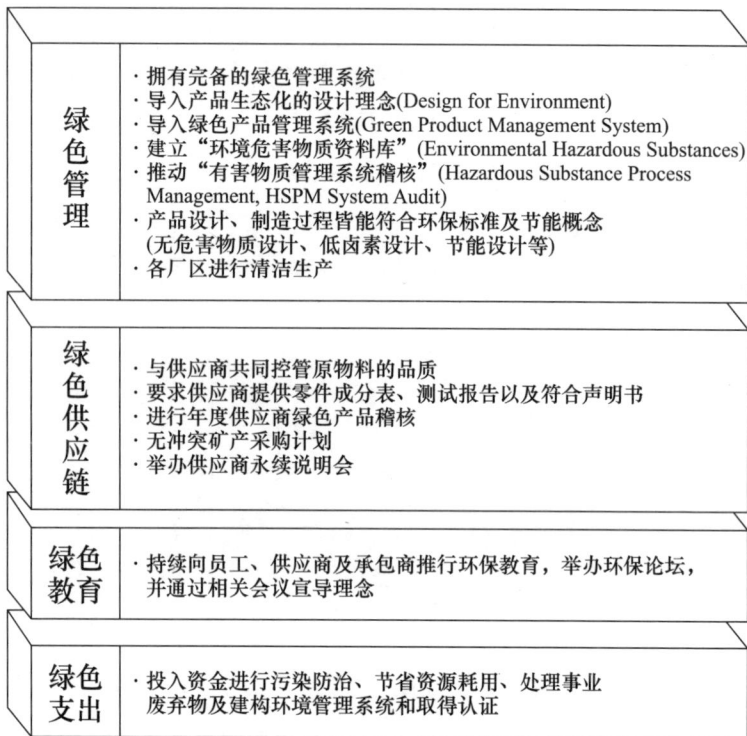

绿色管理	· 拥有完备的绿色管理系统 · 导入产品生态化的设计理念(Design for Environment) · 导入绿色产品管理系统(Green Product Management System) · 建立"环境危害物质资料库"(Environmental Hazardous Substances) · 推动"有害物质管理系统稽核"(Hazardous Substance Process Management, HSPM System Audit) · 产品设计、制造过程皆能符合环保标准及节能概念 　(无危害物质设计、低卤素设计、节能设计等) · 各厂区进行清洁生产
绿色供应链	· 与供应商共同控管原物料的品质 · 要求供应商提供零件成分表、测试报告以及符合声明书 · 进行年度供应商绿色产品稽核 · 无冲突矿产采购计划 · 举办供应商永续说明会
绿色教育	· 持续向员工、供应商及承包商推行环保教育，举办环保论坛， 　并通过相关会议宣导理念
绿色支出	· 投入资金进行污染防治、节省资源耗用、处理事业 　废弃物及建构环境管理系统和取得认证

图 20－2　环旭电子四大绿色承诺内涵

（三）绿色产品

对产品在绿色管理及生态化设计的策略，环旭电子持续地掌握最新国际环保法规、指令及客户之要求，并在每年度整合制定"绿色环保产品规格"，进行控管电子零部件及产品中所含有的危害物质。环旭电子的设计研发人员具备产品生态化设计能力，能提前在欧盟环保指令时程要求前，制造出符合要求的绿色产品。

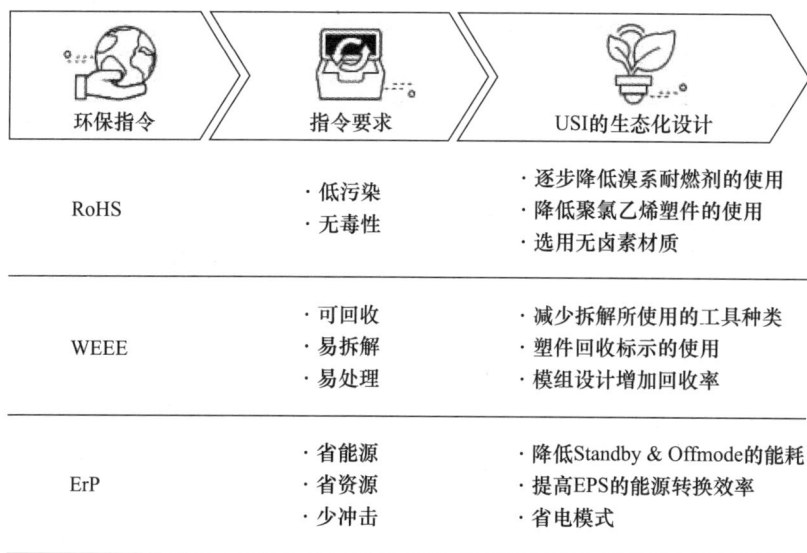

环保指令	指令要求	USI的生态化设计
RoHS	·低污染 ·无毒性	·逐步降低溴系耐燃剂的使用 ·降低聚氯乙烯塑件的使用 ·选用无卤素材质
WEEE	·可回收 ·易拆解 ·易处理	·减少拆解所使用的工具种类 ·塑件回收标示的使用 ·模组设计增加回收率
ErP	·省能源 ·省资源 ·少冲击	·降低Standby & Offmode的能耗 ·提高EPS的能源转换效率 ·省电模式

图 20 − 3　绿色产品生态化设计三大主轴

环旭电子以此三大主轴建立具备产品生态化设计能力、规划符合全球法令要求的绿色产品，并因应绿色产品不断发展的趋势。同时在环境危害物质的管理上，也持续地加强绿色管理系统（GPMS）之功能及环境危害物质（EHS）数据库之建立。透过绿色环保产品规格及 DfE（Design for Environment）作业程序，同步与项目开发单位及客户确认、协助进行评估产品生命周期，依客户的需求取得必要的环保标章。环旭电子每年度确保在国内外的厂房，通过第三单位的检验，完成"环境管理系统"、"有害物质管理系统"、"温室气体管理系统"稽核，快速因应国际环保法规的变化和符合。

（四）绿色教育

环旭电子除了在企业内部积极进行绿色管理外，为让相关利害关系人进一步了解环境保护重要性，且能够将正确的绿色环保意识落实至产品规划、原物料控管、温室气体减量等环节，持续与员工、供货商及承包商沟通相关环旭电子坚持的环安卫原则、知识及要求，于内部员工教育训练，也提供 e - learning 课程，帮助员工认识绿色产品的相关法规要求、作业流程及环保材料等。此外，环旭电子也配合客户要求，积极参与全球性碳排放揭露论坛并施行节能减碳的相关计划。期望凭借内部绿色观念的养成及外部绿色经验的吸收，传递环旭电子的绿色理念，实践环旭电子的绿色承诺。

二、复星医药：推进 EHS 体系建设，实现可持续发展[①]

复星医药秉承诚信和可持续发展的理念，倡导及保障企业、社会与环境的和谐发展。复星医药集团致力于为员工和利益相关方提供一个安全、健康的工作场所，采取必要的措施，持续降低风险；我们关爱员工、重视员工身心健康。同时，坚持环境与社会可持续发展战略，预防污染、积极促进节能减排，保护生态多样性、建设环境友好型社区。

（一）EHS 管理体系建设

2015 年集团全面贯彻实施 2014 年颁布的《职业健康安全（EHS）手册》，展开了体系宣讲、专业集中和分散培训、风险识别与评估、联合审计、定期和不定期检查、隐患挂牌、红黄牌跟踪督办、管理层定期回顾等一系列管理体系和 EHS 手册规定的行动，对各成员企业的环境保护、职业健康改善和安全管理起到了良好的促进和提高作用，各级管理层和员工的 EHS 意识普遍得到提高，EHS 风险得到有效的控制，为企业的可持续发展奠定了良好的基础。

为确保 EHS 管理体系的要求在成员企业间能得以切实、有效地实施和落实，集团持续开展对成员企业的独立审计。2015 年，EHS 管理部再次邀请复星集团 EHSQ 督察部对药友制药、洞庭药业、万邦医药、凯茂生物、禅城医院 5 家成员企业进行了 EHS 体系的全面、独立审计，审核分数全部达到公司目标设定值。与此同时，复星医药 EHS 管理部联合各业务板块 EHS 管理人员，对成员企业进行了"全覆盖式"的 EHS 专项检查或飞行检查，上述措施有效地促进了成员企业 EHS 体系管理水平的提高。

[①] 见《上海复星医药（集团）股份有限公司 2015 年企业社会责任报告》。

（二）环保管理合规

集团着重强调环境保护法律法规的合规性，对新建、改建、扩建项目全面实施环境影响评价和环境"三同时"验收制度。各生产成员企业按照环保法律、法规的要求，都能及时向当地环境管理机构进行排污申报登记，将自身纳入当地环保管理机构的合法监管范围内，其中"三废"污染物的治理和排放都在监管下有效进行，确保做到合法进行污染物排放。在实行排污许可证制度的地区，各生产成员企业都向当地环保管理部门申请领取了《排污许可证》，在实行排水许可证制度的地区，各生产成员企业向当地的水务管理部门申请领取了《排水许可证》，或者按照流程正在申请排水许可证。

同时，集团加强了环保管理的风险控制，2015 年，除定期了解、掌握各生产成员企业的环境保护实际情况外，本公司在对部分成员企业进行 EHS 的体系审计或检查中，专门涵盖了环保方面的要求，督促各成员企业改进、调整环保管理中存在的问题和缺陷，不断完善和提高环保管理运作的水平，切实履行节能减排、保护环境的社会责任。

（三）EHS 培训与教育

集团高度重视向员工提供 EHS 培训和开展相关教育宣讲活动，对本集团的可持续发展至关重要，着力提高全员乃至全社会的环境、健康安全意识。2015 年，各成员企业均完成了法定培训要求，并加大了健康安全方面的专业系列培训，尝试采用教室宣讲培训与其他形式相结合等多形式、多主体、多角度的方式组织展开。培训课程方面，结合管理体系的推进，陆续实施机械防护、高危作业管控、危险源辨识、员工安全观察、红十字会初级紧急救护等。

EHS 人员专业能力的提高对于集团及成员企业的健康安全改善至关重要。2015 年，本集团分别在 5 月中旬和下旬、12 月中旬举办了三场全板块成员企业参与的 EHS 集中培训，并通过微信、复星通等互联网通讯媒介展开不间断的专业技术研讨和分享，持续提高集团、板块和成员企业的 EHS 专业管理水平。

三、中国联通：绿色发展，环境友好①

绿色低碳是社会可持续发展的必由之路，中国联通致力于建设资源节约型和环境友好型企业。2015年，中国联通着力推进绿色运营，强化管理节能，加强电磁辐射管理，与友商共建基础设施，为促进生态文明建设做出努力。

（一）推进绿色运营

公司采取采购节能设备、下电老旧设备、应用节能技术设备等措施，深入推进节能减排。

一是持续推进绿色采购制度，在设备采购技术规范书中明确规定设备能耗标准和节能功能要求，将设备的能耗、节能产品认证、辐射指标等作为重要采购指标进行评价。

二是加快光纤改造和老旧设备退网，利用老旧设备退网的碎片空间，进行机房整合，提高利用率。2015年，随着光改，下电PSTN设备和DSLAM设备，腾退接入机房，实现电能节约。

三是强化技术节能对节能减排的推进作用，在通信机房、接入网机房等重点领域，因地制宜推广新风、热管等一批节能效果好、投资见效快的节能技术在网应用，提高节能技术应用覆盖率，确保节能效益；开展轻资产及节能降耗新技术研究，推进轻资产及节能建网。

（二）强化节能管理

公司大力推行管理节能措施，确保节能减排工作取得实效。

一是以节能减排规划为指引，以控制能源消费总量增幅为目标，结合网络"瘦身"、光纤改造等专项工作，加大管理节能力度，强化能耗对标管理。

二是加强物资循环利用，包括优化报废物资处置和回收商管理流程，完善利旧商店平台的利旧信息查询功能，对已完成报废手续的不可用物资进行定期处置，通过有相关资质的回收企业处置废旧物资，减少物资回收过程中对环境的污染等。

---

① 见《中国联合网络通信股份有限公司2015年企业社会责任报告》。

三是推进电子化采购，节约了大量耗材、人力和时间成本；在营业厅推行无纸化营业，建设节能、环保、高效、安全的新一代业务办理模式。

（三）电磁辐射管理

中国联通充分重视公众对于电磁辐射的关注，在运营过程中加强电磁辐射管理。严格控制入网基站设备质量，定期巡查基站，适时更换先进的低辐射设备。采用先进技术手段，优化无线网络布局，使电磁辐射指标优于国家标准。在基站选址时尽量避开敏感位置，如避开在幼儿园、小学校内设置基站，减少群体意见，并且定期与基站周边单位、团体、居民沟通，争取理解与支持。及时开展基站的电磁环境影响监测与评价，进行登报及网站公示、专家评审，履行国家环保要求的相关手续，接受公众监督。开展电磁辐射科普活动，普及基站设备及相关知识，开展专业讲解及基站辐射现场检测，消除公众疑虑。

（四）共建基础设施

中国联通坚持节约建设、绿色发展，在电信基础设施建设过程中深化企业间合作，在铁塔、基站、管道、杆路、室内分布系统等建设领域开展共建共享。2015 年与铁塔公司合作建设基站基础设施 16 万个，共建共享率提升至90%。公司按照互惠互利、稳步推进要求，积极开展与兄弟企业的网络资源共建共享合作。

表 20－1　中国联通 2013～2015 年基础设施建设绩效　　单位：%

责任绩效指标	2013 年	2014 年	2015 年
室内分布系统共建率	58.60	64.56	69.07
室内分布系统共享率	96.99	98.19	94.66
杆路共建率	60.62	71.46	67.76
杆路共享率	88.50	94.79	94.16
管道共建率	89.08	83.90	82.17
管道共享率	83.09	92.55	92.23

四、上港集团：建设绿色港口，实现持续发展①

上港集团坚持把节约资源、保护环境作为企业战略推进的重要组成部分，以科技创新为手段，着力建设"资源节约型、环境友好型"的良性港口，在"创新驱动、转型发展"的同时，将紧扣"智慧港口、绿色港口、科技港口、效率港口"的建设目标，为建设绿色水运、加快推进上海国际航运中心建设持续努力。

公司在"创新驱动、转型发展"的同时，紧扣"智慧港口、绿色港口"的建设目标，2015年公司有序推进重点节能减排项目，加快集装箱码头水平运输车辆清洁能源的替代，完成301台集装箱牵引车LNG更新工作；积极做好LED绿色照明推广应用项目，重点完成了冠东公司桥吊照明、场地照明的合同能源管理项目；继续开展集装箱堆场RTG节能减排关键技术的研究，主要包括油改电、油电混合等技术的研究应用。

（一）绿色公益

2015年9月14日至21日，上港集团和迪拜环球港务集团、和记黄埔港口控股集团、丹麦马士基集装箱码头公司、新加坡港务集团及鹿特丹港等全球六大港口集团携手共同举办全球绿色环保周活动。活动周以"GO GREEN"为主题，相继开展了"应对全球气候变化"、"与经营场所周边社区和谐发展"、"废旧物资回收利用"三个方面的专题活动，旨在提高港口绿色环保意识，让更多的港口积极参与绿色生态建设，以实际行动吸引人们关注和参与绿色环保事业，并希望通过此次环境周活动，携手各港口为世界港航业追求"绿色港口"这一目标迈进一大步。

公司作为本次活动主办方和全球集装箱吞吐量最大的港口，多年来始终秉承"创建绿色港口、享受美好生活"的理念，致力于推动港口绿色生态的建设。通过节能综合技术改造等措施，公司能耗结构得到不断优化，吞吐量能耗和碳排放显著下降。经过持续的绿色节能项目实施，为绿色循环低碳交通运输体系建设奠定了基础，助推公司成为全球卓越的码头运营商和港口物

---

① 见《上海国际港务（集团）股份有限公司2015年可持续发展报告》。

图 20 – 4　GO GREEN

流服务商，为上海国际航运中心的建设做出了卓越的贡献。

（二）绿色运输

集团提倡选用经济且环保的运输工具和运输路线，克服不经济、不环保的运输方式，以实现节能减排的目标。公司保证运输与社会经济和资源环境之间的和谐发展，实现运输的可持续发展模式；积极推行低碳经济，不断优化集装箱运输管理系统，优化创新业务模式，发展绿色运输服务；致力于优化区域运输方式，鼓励客户采用环保的转运方式和使用清洁能源，降低路网交通压力，减少能源消耗与排放。

（三）绿色经营

公司把节约资源、保护环境作为公司发展战略的重要组成部分，开展了工艺创新、管理创新，强化了新技术、新工艺在生产中的开发应用，不断提高能源利用效率。我们以发展低碳经济和建设绿色港口为目标，进一步加大绿色港口技术的研究和推广，围绕节约能源和优化能源结构，开展能耗统计检测、新能源应用、供电等能源系统优化等方面的研究。

公司积极践行建设绿色港口理念。以绿色观念为指导，建设环境健康、生态保护、资源合理利用、低能耗、低污染的新型港口。在冠东公司通过研发使用小功率 LNG 发电机组投入试运行。2015 年，在振东分公司、明东公司和宜东分公司完成锂电池式油电混合 RTG 技术改造。该项目将轮胎吊传统大功率发电机组，更换为新型柴油发电机组和锂电池相结合的油电混合动力系统。改造后的供电系统可根据轮胎吊装卸作业阶段和待工阶段的耗能特点，使用不同的供电方式降低轮胎吊能耗，为公司带来可观的经济效益和环境效益。

（四）绿色办公

公司持续推进口岸电子放行，不断优化洋山和外高桥港区海关出口电子放行。与此同时，我们提倡绿色办公，在员工中推行办公资源节约行动，减少污染物的产生和排放，倡导从身边的小事做起，珍惜每一张纸、每一节电池、每一度电、每一滴水、每一升油和每一支笔。

五、中海发展：大船低碳，绿色航行[①]

作为大型航运企业，中海发展秉承"做优秀海洋公民"的理念，不断加强环境管理体系，推进船队规模化、大型化、年轻化、低碳化建设进程，以管理改进和技术提升持续减少企业活动对环境的影响，追求企业绿色、循环、低碳、可持续发展。

（一）加强环境管理

环境管理体系是企业管理环境影响的基础。2015 年，中海发展有效落实有关环境保护的法律法规，并持续完善各项环境管理制度，为保护环境奠定组织与制度基础。

一是实施绿色管理。2015 年 1 月 1 日，《国际防止船舶造成污染公约》（MARPOL 公约）附则有关使用低硫的要求正式生效，为此，中海散运及时修订了公司相关文件，保持对国际公约的连续跟踪和匹配，确保体系运行持续有效。自 2013 年建立"综合节能监控工作小组"，中海油运便对船舶节油工

---

① 见《中海发展股份有限公司 2015 年企业社会责任报告》。

作进行了总体策划、量化指标、动态监控、效果评估的全面、全员、全过程管控。2015年，中海油运建立了公司的"能源管理体系"，编制能源管理方案，编写能源管理手册、能源评审管理程序、能源基准与能源绩效参数制定程序；明确相关部门管理职责，并对公司相关部门及人员进行多次培训。中海油运能源管理体系已通过CCS（中国船级社）审核，获取法定证书。

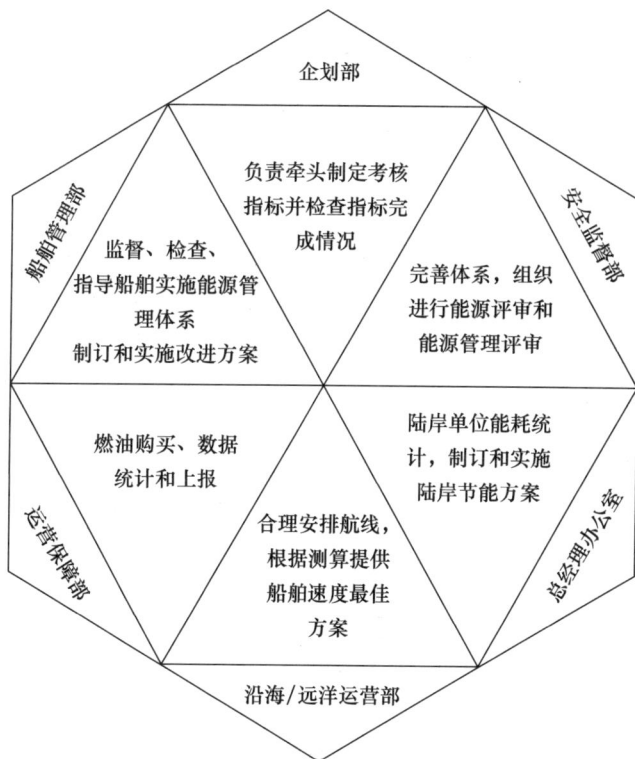

图 20－5　中海发展绿色管理体系

二是增强环保意识。为了增强企业环境保护氛围，中海发展通过培训、内刊宣传等方式进行环保相关的意识宣贯，鼓励员工进行船舶节能环保的探究。中海散运每月进行2~3次船舶设备操作和防污管理培训，以及国际海事组织（IMO）最新生效公约和法规的培训、讲授、研讨。中海油运为各级驾驶员、轮机员和船长、轮机长进行专业和全面的环保理论、法规以及环保设备的配备、使用、检查和管理等方面的培训。2015年，中海发展共计进行环境保护相关培训 520 人次。

（二）打造绿色船舶

中海发展抓住国家建设"海洋强国"和"21 世纪海上丝绸之路"的战略机遇，加快船队结构调整，增强公司船队竞争力和可持续发展能力。同时，不断提升管理能力、改进节能技术，减少资源消耗，降低船舶排放。

一是优化船队结构。中海散运提前淘汰油耗高、吨位小、船龄大、市场竞争力差的老旧船。2015 年提前报废 35 艘/131.6 万载重吨老旧船、新增 8 艘新型船舶，改善了公司运力结构，减少油耗较高船舶对环境产生的影响。

二是推动管理与技术节能。中海散运加大了对船舶润滑油消耗的监督和管理力度，制定船舶主机转速对应的各项润滑油耗指标，并每月对船舶实际消耗情况进行跟踪监控，通过同类型船舶横向对标、单船指标对比，及时排查异常消耗。此外，组织召开信息平台燃油管理模块使用研讨会，充分利用全面、准确、快捷的信息化平台，对燃油消耗进行常态化管理。

（三）推动绿色航行

航运业承载着全球物流的重任，但航行过程的污染排放也威胁着海洋环境。中海发展采取针对性措施，通过推行低速航行、减少污染物排放、节约用水等措施，尽可能提升资源利用效率，降低船舶航行产生的环境影响。

一是实施低速航行。中海散运将船舶主机降速航行工作从特殊要求变成管理习惯，重新调整新的主机运行转速及油耗指标，在确保安全航行的前提下，将主机负荷进一步下调到 50% 选定的最大持续功率（Specified Maximum Continuous Rating，SMCR）左右，并通过船舶远程监控系统和航运系统轮机日志、船舶调度油耗跟踪模块，每天监控船舶主机实际使用运行转速和电机使用情况，每月对船舶降速航行情况进行跟踪分析，确保船舶实施低速航行。

二是减少航行污染排放。中海散运的质量安全管理体系文件对船舶控制污染物的排放、船舶防止造成大气污染、船舶压载水管理、船舶机舱污水处理、船舶生活污水处理、船舶垃圾处理、船用油日常管理等进行了明确的规定，从管理层面有效管控船舶污染物排放。此外，在操作上重点督导船舶正确处理机舱污水、生活垃圾等污染物，并做好"油类记录簿"及"垃圾记录簿"的规范记录。

附　录

上海上市公司社会责任发展指数（2016）

排名	证券代码	股票名称	综合得分	责任管理	市场责任	社会责任	环境责任
五星级（★★★★★）6家							
1	601231	环旭电子	92.5	100.0	88.3	85.7	100.0
2	600196	复星医药	92.0	90.0	90.0	96.4	90.9
3	600619	海立股份	88.5	100.0	70.0	91.1	100.0
4	600050	中国联通	84.5	95.0	76.7	87.5	81.8
5	600688	上海石化	81.0	92.5	80.0	80.4	72.7
6	600000	浦发银行	80.0	100.0	70.0	82.1	72.7
四星级（★★★★）21家							
7	600018	上港集团	79.5	92.5	83.3	64.3	81.8
8	600026	中海发展	77.0	55.0	83.3	75.0	90.9
8	600104	上汽集团	77.0	82.5	80.0	66.1	81.8
10	600019	宝钢股份	76.0	50.0	83.3	82.1	81.8
11	600021	上海电力	74.5	72.5	60.0	85.7	81.8
12	600420	现代制药	72.0	72.5	66.7	91.1	54.5
13	601328	交通银行	71.0	77.5	50.0	87.5	72.7
13	600284	浦东建设	71.0	67.5	66.7	83.9	63.6
15	600115	东方航空	70.5	65.0	70.0	73.2	72.7
16	600500	中化国际	68.5	42.5	66.7	64.3	100.0
17	600741	华域汽车	67.5	67.5	73.3	64.3	63.6
18	600748	上实发展	66.0	55.0	63.3	78.6	63.6
19	600628	新世界	65.0	27.5	73.3	76.8	72.7
19	600958	东方证券	65.0	65.0	56.7	96.4	36.4
19	600648	外高桥	65.0	75.0	70.0	64.3	50.0
19	600517	置信电气	65.0	57.5	65.0	85.7	45.5
23	600850	华东电脑	63.5	80.0	66.7	58.9	50.0
23	600663	陆家嘴	63.5	65.0	73.3	55.4	59.1
25	600171	上海贝岭	63.0	42.5	70.0	76.8	54.5
25	600616	金枫酒业	63.0	37.5	66.7	80.4	59.1
25	601601	中国太保	63.0	100.0	60.0	57.1	40.9

排名	证券代码	股票名称	综合得分	责任管理	市场责任	社会责任	环境责任
			三星级（★★★）33家				
28	600639	浦东金桥	59.5	70.0	46.7	69.6	54.5
28	601607	上海医药	59.5	100.0	35.0	57.1	59.1
30	600508	上海能源	59.0	40.0	50.0	67.9	77.3
31	600597	光明乳业	57.5	42.5	63.3	67.9	50.0
32	600824	益民集团	55.5	47.5	46.7	64.3	63.6
33	601727	上海电气	55.0	50.0	61.7	48.2	59.1
34	600151	航天机电	53.5	55.0	53.3	44.6	63.6
34	600094	大名城	53.5	40.0	40.0	83.9	45.5
36	300272	开能环保	52.0	22.5	53.3	55.4	72.7
37	600618	氯碱化工	51.0	15.0	73.3	60.7	40.9
38	600315	上海家化	49.5	37.5	26.7	71.4	63.6
39	600653	申华控股	48.5	25.0	48.3	57.1	59.1
40	600845	宝信软件	47.5	22.5	78.3	55.4	18.2
41	002028	思源电气	46.5	10.0	61.7	67.9	31.8
42	600651	飞乐音响	46.0	10.0	68.3	58.9	31.8
42	002527	新时达	46.0	15.0	56.7	53.6	50.0
42	002178	延华智能	46.0	15.0	53.3	46.4	63.6
42	600611	大众交通	46.0	42.5	36.7	69.6	31.8
46	600636	三爱富	45.0	10.0	58.3	66.1	31.8
47	600623	华谊集团	44.5	15.0	56.7	62.5	31.8
48	600816	安信信托	44.0	45.0	46.7	50.0	31.8
49	600601	方正科技	43.0	27.5	51.7	46.4	40.9
49	300168	万达信息	43.0	15.0	56.7	57.1	31.8
51	600503	华丽家族	42.5	37.5	31.7	66.1	31.8
52	603718	海利生物	42.0	20.0	60.0	46.4	31.8
52	600009	上海机场	42.0	25.0	43.3	67.9	22.7
52	600895	张江高科	42.0	37.5	36.7	58.9	31.8
52	601866	中海集运	42.0	62.5	30.0	41.1	40.9
56	600820	隧道股份	41.5	10.0	50.0	62.5	31.8
56	600655	豫园商城	41.5	27.5	40.0	75.0	13.6
58	300286	安科瑞	40.0	25.0	60.0	60.7	0.0
58	600604	市北高新	40.0	20.0	33.3	71.4	27.3
58	600836	界龙实业	40.0	42.5	30.0	44.6	45.5
			二星级（★★）108家				
61	600708	光明地产	39.0	37.5	43.3	66.1	0.0
61	603020	爱普股份	39.0	10.0	33.3	60.7	45.5
61	600210	紫江企业	39.0	27.5	70.0	26.8	22.7
64	600061	国投安信	38.5	12.5	41.7	66.1	22.7

续表

排名	证券代码	股票名称	综合得分	责任管理	市场责任	社会责任	环境责任
			二星级（★★）108家				
64	600624	复旦复华	38.5	12.5	38.3	62.5	31.8
66	300262	巴安水务	38.0	40.0	50.0	42.9	13.6
67	300067	安诺其	37.5	15.0	33.3	62.5	31.8
67	600837	海通证券	37.5	22.5	20.0	71.4	31.8
67	600649	城投控股	37.5	25.0	56.7	44.6	13.6
67	600835	上海机电	37.5	22.5	41.7	55.4	22.7
71	300059	东方财富	37.0	25.0	51.7	44.6	18.2
72	002565	上海绿新	36.5	0.0	31.7	57.1	50.0
72	002328	新朋股份	36.5	12.5	40.0	53.6	31.8
72	002162	悦心健康	36.5	20.0	58.3	28.6	31.8
75	600642	申能股份	36.0	35.0	38.3	44.6	22.7
75	300398	飞凯材料	36.0	12.5	60.0	19.6	45.5
75	600654	中安消	36.0	10.0	46.7	46.4	31.8
75	300230	永利股份	36.0	0.0	53.3	46.4	31.8
79	300245	天玑科技	35.5	22.5	60.0	35.7	13.6
79	600606	绿地控股	35.5	27.5	23.3	67.9	18.2
79	601616	广电电气	35.5	0.0	31.7	67.9	31.8
79	600827	百联股份	35.5	22.5	16.7	50.0	54.5
83	300039	上海凯宝	35.0	15.0	50.0	32.1	36.4
83	600635	大众公用	35.0	32.5	26.7	37.5	45.5
83	900953	凯马 B	35.0	12.5	45.0	32.1	45.5
86	600272	开开实业	34.5	25.0	40.0	48.2	18.2
86	600680	上海普天	34.5	30.0	36.7	51.8	13.6
88	600841	上柴股份	34.0	22.5	20.0	37.5	59.1
88	600530	交大昂立	34.0	10.0	28.3	55.4	36.4
90	600081	东风科技	33.5	0.0	40.0	66.1	13.6
90	600634	中技控股	33.5	15.0	43.3	51.8	13.6
92	600170	上海建工	33.0	57.5	35.0	39.3	0.0
92	601211	国泰君安	33.0	15.0	30.0	39.3	45.5
94	002669	康达新材	32.5	12.5	36.7	42.9	31.8
94	601872	招商轮船	32.5	0.0	30.0	51.8	40.9
94	600072	钢构工程	32.5	12.5	38.3	41.1	31.8
97	002269	美邦服饰	32.0	15.0	55.0	30.4	18.2
97	002278	上海莱士	32.0	0.0	50.0	60.7	0.0
97	300336	新文化	32.0	27.5	23.3	48.2	27.3
97	601788	光大证券	32.0	25.0	26.7	57.1	13.6
97	300017	网宿科技	32.0	15.0	43.3	42.9	18.2
102	300469	信息发展	31.5	10.0	56.7	30.4	18.2
102	600278	东方创业	31.5	12.5	16.7	57.1	36.4

续表

排名	证券代码	股票名称	综合得分	责任管理	市场责任	社会责任	环境责任
102	601021	春秋航空	31.5	0.0	48.3	42.9	22.7
105	603009	北特科技	31.0	12.5	21.7	53.6	31.8
106	300180	华峰超纤	30.5	10.0	43.3	30.4	31.8
106	600602	云赛智联	30.5	0.0	36.7	44.6	31.8
108	002158	汉钟精机	30.0	0.0	36.7	67.9	0.0
109	600834	申通地铁	29.5	30.0	26.7	44.6	13.6
109	603899	晨光文具	29.5	10.0	31.7	64.3	0.0
109	603030	全筑股份	29.5	10.0	46.7	33.9	18.2
109	300483	沃施股份	29.5	10.0	53.3	16.1	31.8
113	600622	嘉宝集团	29.0	12.5	23.3	69.6	0.0
113	600613	神奇制药	29.0	15.0	30.0	46.4	18.2
113	603012	创力集团	29.0	0.0	53.3	35.7	13.6
116	002486	嘉麟杰	28.5	0.0	45.0	28.6	31.8
116	600614	鼎立股份	28.5	12.5	35.0	19.6	45.5
116	600629	华建集团	28.5	0.0	53.3	44.6	0.0
119	300236	上海新阳	28.0	0.0	45.0	37.5	18.2
119	603003	龙宇燃油	28.0	12.5	23.3	55.4	13.6
119	600676	交运股份	28.0	20.0	31.7	26.8	31.8
122	000863	三湘股份	27.5	0.0	26.7	58.9	13.6
122	002324	普利特	27.5	12.5	33.3	28.6	31.8
122	600819	耀皮玻璃	27.5	10.0	41.7	35.7	13.6
125	002568	百润股份	27.0	0.0	56.7	21.4	18.2
125	300378	鼎捷软件	27.0	12.5	35.0	35.7	18.2
127	603006	联明股份	26.0	12.5	41.7	39.3	0.0
128	300330	华虹计通	25.5	0.0	45.0	28.6	18.2
128	300153	科泰电源	25.5	0.0	30.0	33.9	31.8
128	600843	上工申贝	25.5	0.0	46.7	30.4	13.6
128	600320	振华重工	25.5	15.0	21.7	46.4	13.6
132	002401	中海科技	25.0	0.0	50.0	35.7	0.0
132	601968	宝钢包装	25.0	12.5	31.7	35.7	13.6
134	600665	天地源	24.5	10.0	33.3	44.6	0.0
134	600848	上海临港	24.5	0.0	20.0	30.4	45.5
134	300327	中颖电子	24.5	0.0	63.3	19.6	0.0
137	002195	二三四五	24.0	10.0	35.0	41.1	0.0
137	300225	金力泰	24.0	0.0	46.7	21.4	18.2
137	900935	阳晨B股	24.0	0.0	21.7	26.8	45.5
137	600073	上海梅林	24.0	0.0	25.0	41.1	22.7
141	002636	金安国纪	23.5	0.0	56.7	8.9	18.2
141	603128	华贸物流	23.5	10.0	26.7	48.2	0.0

续表

排名	证券代码	股票名称	综合得分	责任管理	市场责任	社会责任	环境责任
141	600826	兰生股份	23.5	0.0	36.7	44.6	0.0
144	300326	凯利泰	23.0	0.0	43.3	35.7	0.0
144	600608	ST沪科	23.0	12.5	48.3	21.4	0.0
146	600679	上海凤凰	22.5	12.5	35.0	33.9	0.0
146	300462	华铭智能	22.5	0.0	60.0	16.1	0.0
146	600150	中国船舶	22.5	0.0	28.3	39.3	13.6
146	600637	东方明珠	22.5	12.5	31.7	37.5	0.0
146	002058	威尔泰	22.5	0.0	43.3	23.2	13.6
151	300226	上海钢联	22.0	0.0	38.3	23.2	18.2
151	002451	摩恩电气	22.0	0.0	45.0	16.1	18.2
151	600088	中视传媒	22.0	12.5	20.0	48.2	0.0
151	600846	同济科技	22.0	0.0	41.7	19.6	18.2
155	600097	开创国际	21.5	0.0	30.0	44.6	0.0
155	002454	松芝股份	21.5	0.0	30.0	44.6	0.0
155	600641	万业企业	21.5	12.5	20.0	46.4	0.0
155	603108	润达医疗	21.5	10.0	46.7	19.6	0.0
155	300171	东富龙	21.5	10.0	30.0	37.5	0.0
160	300129	泰胜风能	21.0	0.0	28.3	30.4	18.2
160	600626	申达股份	21.0	10.0	31.7	33.9	0.0
160	600822	上海物贸	21.0	0.0	28.3	44.6	0.0
163	300061	康耐特	20.5	0.0	46.7	23.2	0.0
163	600652	游久游戏	20.5	0.0	21.7	25.0	31.8
163	600630	龙头股份	20.5	0.0	36.7	23.2	13.6
166	600643	爱建集团	20.0	25.0	10.0	42.9	0.0
166	002022	科华生物	20.0	0.0	40.0	28.6	0.0
166	603022	新通联	20.0	0.0	38.3	5.4	31.8
一星级（★）54家							
169	002605	姚记扑克	19.5	10.0	13.3	37.5	13.6
169	002116	中国海诚	19.5	0.0	23.3	30.4	18.2
169	600661	新南洋	19.5	0.0	25.0	42.9	0.0
169	603729	龙韵股份	19.5	0.0	25.0	42.9	0.0
169	600732	*ST新梅	19.5	0.0	20.0	12.5	45.5
169	600490	鹏欣资源	19.5	12.5	33.3	25.0	0.0
175	002506	协鑫集成	19.0	10.0	25.0	23.2	13.6
175	603885	吉祥航空	19.0	0.0	16.7	39.3	13.6
175	600844	丹化科技	19.0	0.0	21.7	19.6	31.8
175	300253	卫宁健康	19.0	0.0	48.3	16.1	0.0
175	300380	安硕信息	19.0	0.0	31.7	33.9	0.0
180	600851	海欣股份	18.5	12.5	25.0	30.4	0.0
180	600612	老凤祥	18.5	0.0	43.3	19.6	0.0

续表

排名	证券代码	股票名称	综合得分	责任管理	市场责任	社会责任	环境责任
182	600605	汇通能源	18.0	22.5	20.0	16.1	13.6
182	600119	长江投资	18.0	0.0	31.7	30.4	0.0
184	900957	凌云B股	17.5	12.5	25.0	26.8	0.0
184	600621	华鑫股份	17.5	0.0	21.7	39.3	0.0
186	600620	天宸股份	16.5	0.0	20.0	12.5	31.8
186	600754	锦江股份	16.5	0.0	20.0	12.5	31.8
186	601519	大智慧	16.5	0.0	21.7	35.7	0.0
189	300442	普丽盛	16.0	0.0	35.0	19.6	0.0
189	300008	天海防务	16.0	10.0	25.0	8.9	18.2
189	600647	同达创业	16.0	10.0	20.0	14.3	18.2
189	002706	良信电器	16.0	0.0	26.7	14.3	18.2
189	300074	华平股份	16.0	0.0	40.0	14.3	0.0
194	300222	科大智能	15.5	0.0	30.0	23.2	0.0
194	600823	世茂股份	15.5	12.5	20.0	25.0	0.0
194	600692	亚通股份	15.5	0.0	28.3	25.0	0.0
194	600767	运盛医疗	15.5	12.5	25.0	19.6	0.0
194	600675	*ST中企	15.5	0.0	20.0	33.9	0.0
194	600662	强生控股	15.5	0.0	35.0	17.9	0.0
200	002184	海得控制	15.0	0.0	36.7	14.3	0.0
201	600638	新黄浦	14.5	0.0	20.0	30.4	0.0
201	300170	汉得信息	14.5	0.0	35.0	14.3	0.0
201	603918	金桥信息	14.5	0.0	38.3	10.7	0.0
204	900939	汇丽B	14.0	12.5	25.0	14.3	0.0
204	600610	中毅达	14.0	12.5	20.0	19.6	0.0
206	600689	上海三毛	13.5	0.0	26.7	19.6	0.0
206	300126	锐奇股份	13.5	0.0	36.7	8.9	0.0
206	600833	第一医药	13.5	0.0	40.0	5.4	0.0
209	002278	神开股份	13.0	0.0	16.7	28.6	0.0
209	600193	创兴资源	13.0	12.5	20.0	16.1	0.0
209	600695	绿庭投资	13.0	0.0	25.0	19.6	0.0
212	600825	新华传媒	12.5	0.0	23.3	19.6	0.0
213	600818	中路股份	12.0	0.0	35.0	5.4	0.0
214	002346	柘中股份	11.0	0.0	28.3	8.9	0.0
215	002561	徐家汇	10.5	0.0	13.3	23.2	0.0
215	900929	锦旅B股	10.5	0.0	23.3	12.5	0.0
217	600615	丰华股份	10.0	12.5	20.0	5.4	0.0
218	000668	荣丰控股	9.5	0.0	23.3	8.9	0.0
219	600640	号百控股	8.0	5.0	5.0	19.6	0.0
220	600650	锦江投资	7.5	0.0	20.0	5.4	0.0
220	600696	匹凸匹	7.5	0.0	20.0	5.4	0.0
222	600838	上海九百	4.5	0.0	10.0	5.4	0.0

上海上市公司社会责任报告评价结果（2016）

排名	企业名称	综合得分	完整性	实质性	平衡性	可读性	可比性	创新性
1	复星医药	93.7	81.5	100.0	90.0	98.0	100.0	95.0
2	东方航空	82.4	66.7	75.0	95.0	95.0	100.0	95.0
3	中国联通	78.2	60.3	75.0	80.0	90.0	100.0	93.0
4	上海电力	75.0	53.6	77.8	63.0	95.0	82.2	95.0
5	上海石化	73.6	67.1	72.7	75.0	80.0	100.0	30.0
6	现代制药	73.1	55.5	70.0	70.0	85.0	100.0	85.0
7	上汽集团	72.4	50.0	88.9	85.0	90.0	27.0	80.0
8	中国太保	71.9	47.4	81.8	70.0	75.0	95.0	80.0
9	浦东建设	70.5	56.2	66.7	70.0	80.0	100.0	70.0
10	海立股份	70.3	81.1	66.7	70.0	60.0	100.0	20.0
11	东方证券	69.8	51.7	81.8	63.0	70.0	90.0	60.0
12	陆家嘴	68.8	55.8	77.8	65.0	75.0	90.0	20.0
13	交通银行	68.2	51.7	72.7	50.0	75.0	95.0	80.0
14	浦发银行	66.1	58.6	63.6	0.0	93.0	90.0	95.0
15	环旭电子	63.0	50.0	88.9	70.0	60.0	28.4	40.0
16	上港集团	62.3	56.9	37.5	63.0	85.0	100.0	70.0
17	华域汽车	61.1	48.5	77.8	70.0	52.5	41.6	80.0
18	上海医药	60.6	34.3	60.0	55.0	75.0	95.0	80.0
19	宝钢股份	60.5	39.3	88.9	63.0	50.0	67.0	20.0
20	华东电脑	59.0	50.9	75.0	65.0	60.0	22.9	60.0
21	外高桥	55.3	45.3	30.0	70.0	87.5	100.0	10.0
22	上海电气	53.8	30.3	77.8	0.0	80.0	39.2	60.0
23	浦东金桥	53.7	45.1	44.4	65.0	55.0	94.6	43.0

续表

排名	企业名称	综合得分	完整性	实质性	平衡性	可读性	可比性	创新性
24	置信电气	52.5	44.7	66.7	63.0	60.0	0.0	60.0
25	益民集团	52.1	34.2	50.0	50.0	70.0	70.7	50.0
26	氯碱化工	51.5	42.5	63.6	90.0	40.0	38.0	20.0
27	中海集运	51.4	24.4	75.0	65.0	65.0	17.9	30.0
28	中化国际	49.5	30.1	63.6	70.0	55.0	24.0	50.0
29	中海发展	46.3	42.3	25.0	70.0	85.0	2.7	80.0
30	光明乳业	44.6	28.0	36.4	75.0	72.5	17.3	60.0
31	上实发展	43.6	30.1	55.6	40.0	60.0	24.6	20.0
32	新世界	43.5	42.7	40.0	55.0	60.0	17.9	30.0
33	大名城	43.1	28.3	66.7	40.0	50.0	2.7	35.0
34	上海贝岭	42.8	27.9	33.3	70.0	60.0	28.7	80.0
35	上海能源	41.5	26.7	63.6	70.0	40.0	0.0	15.0
36	延华智能	41.3	33.6	50.0	63.0	40.0	0.0	72.0
37	悦心健康	41.1	28.5	62.5	55.0	40.0	10.0	15.0
38	宝信软件	40.7	34.5	62.5	63.0	20.0	25.7	10.0
39	新时达	40.6	28.0	55.6	55.0	40.0	19.7	30.0
40	网宿科技	39.7	23.3	50.0	25.0	55.0	23.3	60.0
41	光大证券	37.8	26.7	63.6	40.0	20.0	30.0	20.0
42	张江高科	37.7	32.8	50.0	0.0	60.0	0.0	50.0
43	申能股份	37.5	27.5	55.6	40.0	35.0	12.0	35.0
44	大众公用	36.2	27.5	44.4	70.0	35.0	0.0	40.0
45	市北高新	34.9	20.4	44.4	60.0	40.0	10.0	30.0
46	申通地铁	34.8	18.7	50.0	63.0	20.0	43.4	10.0
47	东方财富	32.2	19.0	50.0	40.0	25.0	26.7	15.0
48	海通证券	30.7	24.1	54.6	25.0	20.0	13.3	10.0
49	上海机电	29.8	28.8	55.6	0.0	20.0	14.6	10.0
50	方正科技	29.4	19.3	44.4	65.0	20.0	0.0	15.0
50	界龙实业	29.4	18.8	55.6	0.0	35.0	5.0	10.0
52	国泰君安	28.7	25.9	54.6	0.0	20.0	13.3	10.0
53	上海普天	28.5	17.9	33.3	65.0	35.0	0.0	10.0
53	安诺其	28.5	17.2	36.4	40.0	40.0	5.0	15.0

排名	企业名称	综合得分	完整性	实质性	平衡性	可读性	可比性	创新性
55	航天机电	28.3	22.9	44.4	45.0	20.0	0.0	15.0
56	豫园商城	28.1	23.1	10.0	25.0	30.0	75.7	65.0
57	万达信息	27.9	19.0	37.5	25.0	32.5	21.7	15.0
58	紫江企业	27.2	19.2	36.4	0.0	42.5	10.0	40.0
58	百联股份	27.2	24.8	40.0	25.0	30.0	0.0	10.0
60	城投控股	27.0	20.4	22.2	25.0	45.0	32.3	10.0
61	申华控股	24.8	27.4	30.0	25.0	17.5	5.0	50.0
62	上柴股份	24.4	25.8	33.3	25.0	25.0	0.0	10.0
63	大众交通	23.5	17.9	12.5	63.0	40.0	0.0	20.0
64	金枫酒业	23.4	25.9	27.3	0.0	30.0	12.4	30.0
65	巴安水务	23.3	16.2	11.1	0.0	65.0	9.6	40.0
66	华谊集团	23.1	20.6	27.3	25.0	27.5	2.0	32.0
67	安信信托	22.9	19.0	45.5	0.0	20.0	0.0	10.0
68	新文化	22.5	14.9	25.0	25.0	40.0	0.0	15.0
69	华丽家族	22.2	11.5	44.4	10.0	20.0	0.0	20.0
70	天宸股份	21.8	12.1	37.5	25.0	20.0	0.0	20.0
71	光明地产	21.4	16.8	22.2	40.0	20.0	18.2	15.0
72	上海家化	20.3	12.3	18.2	65.0	20.0	5.0	15.0
73	上海凯宝	19.1	16.4	10.0	40.0	30.0	10.0	20.0
74	美邦服饰	15.9	10.9	22.2	40.0	10.0	0.0	10.0
75	中技控股	10.2	7.4	11.1	0.0	10.0	0.0	60.0
76	上海建工	10.1	13.1	11.1	0.0	15.0	0.0	10.0
77	爱建集团	8.1	10.3	0.0	25.0	12.5	0.0	10.0

报告评级十问

1. 什么是企业社会责任报告评级？报告评级与报告审验有何区别？

答：企业社会责任报告评级是对社会责任报告质量的评价，评价对象限于报告本身及其编写过程。

报告评级与报告评价的区别有：报告评级是依据《中国企业社会责任报告编写指南》和《中国企业社会责任报告评级标准》，报告评价的依据非常散乱；报告评级是专家委员会集体结论和中心的机构意见，报告评价是专家个人判断。

报告评级与报告审验的区别有：报告审验的核心是验证信息的真实性与可靠性、数据的准确性等，而报告评级是对披露内容本身质量的评价，不对信息的真实性进行评价。

2. 为什么要进行社会责任报告评级？

答：通过报告评级向企业提供专业意见，为企业社会责任工作提供智力支持，改进我国企业社会责任工作现况；以报告促管理，充分发挥报告在利益相关方沟通、企业社会责任绩效监控的作用，将报告作为提升公司社会责任管理水平的有效工具。

3. 谁来负责对企业社会责任报告评级？

答：企业社会责任报告评级的总负责机构是"中国企业社会责任报告评级专家委员会"，该委员会由中国社会科学院经济学部企业社会责任研究中心牵头成立，由我国企业社会责任研究领域及实践领域的顶级专家组成。

报告内容评级之前，由评级事务联络人组成的资料审核小组赴企业所在地，对企业社会责任报告的"过程性"做实地评估，将评估资料清单与企业社会责任报告一并提交专家，评级专家小组成员分别进行打分，由评级小组组长综合专家意见确定报告最终级别、出具评级报告（示例如下）。

2012 年中国三星社会责任报告评级小组名单

组长：中国社会科学院经济学部企业社会责任研究中心主任钟宏武

成员：WTO 经济导刊副社长，企业社会责任发展中心主任殷格非

商道纵横总经理郭沛源

4. 报告评级的流程是什么？

答：分为六步骤。

（1）企业根据自愿原则向中国社会科学院经济学部企业社会责任研究中心提出正式的报告评级申请，并与中心达成报告评级协议；

（2）在评级专家委员会中抽取专家成立报告评级小组，报告评级小组由专家委员和评级事务联络人组成，联络人一般由中心工作人员组成；

（3）评级事务联络人赴企业所在地对其社会责任报告"过程性"进行评估，评估结果交评级小组参考；

（4）专家委员小组成员根据评级标准和《中国企业社会责任报告编写指南（CASS – CSR 3.0)》对企业社会责任报告分别进行打分；

（5）评级小组组长综合专家意见后形成评级报告，委员会主席审签；

（6）组织专家与企业进行后续沟通及报告改进。

5. 报告评级的依据是什么？从哪些指标对社会责任报告评级？

答：报告评级的依据是《中国企业社会责任报告编制指南（CASS – CSR 3.0)》和《中国企业社会责任报告评级标准（2014)》。

从七项指标对社会责任报告的质量进行评级：过程性、实质性、完整性、可读性、平衡性、可比性和创新性。每项指标赋有一定的权重。

七项指标权重

过程性	实质性	完整性	平衡性	可比性	可读性	创新性
25%	25%	15%	10%	10%	10%	5%

6. 报告最终评级共分为多少个级别？如何确定？

答：中国企业社会责任报告评价采取星级制，共分为七个级别，即报告分为五星级、四星半级、四星级、三星半级、三星级、二星级和一星级。每一个星级对应一定的分值范围。

星级与分值对应表

评级结果	评级图示	分数区间
五星级	★★★★★	90 ~ 100
四星半	★★★★☆	80 ~ 90
四星级	★★★★	70 ~ 80
三星半	★★★☆	60 ~ 70
三星级	★★★	50 ~ 60
二星级	★★	30 ~ 50
一星级	★	30 分以下

7. 评级报告包括哪些内容？

答：评级报告由以下要素构成：

- 报告评级概述
- 报告评级依据
- 报告评级范围
- 报告评级结论
- 报告改进建议
- 评级小组名单
- 评级小组组长审签
- 报告评级委员会主席审签

8. 评级需要多长时间？

答：从企业提出评级申请到出具评级报告，需 10 个工作日。

9. 评级如何收费？

答：每份企业社会责任报告的评级费用为三万元人民币，用于评级小组的专家费用、评价事务联络人的差旅费以及评级委员会的日常管理费用。

10. 怎么申请评级？

答：计划申请报告评级的企业可致电中国社会科学院企业社会责任研究中心评价部：

联系人：张蒽

邮件：rating@ cass – csr. org

电话：010 – 85892434

评级企业名单

2016 年申请报告评级企业名单（63 家，截至 10 月）	
中国海洋石油总公司	中国储备棉管理总公司
中国石油化工股份有限公司	远洋地产控股有限公司
中国建筑股份有限公司	中国航空工业集团公司
中国移动通信集团公司	广州百货集团有限公司
神华集团有限责任公司	太原钢铁（集团）有限公司
中国南方电网有限责任公司	现代汽车中国投资有限公司
中国华电集团公司	中国大唐集团公司
东风汽车公司	LG 中国
中国兵器工业集团公司	LG 化学
中国铝业公司	中国盐业总公司
中国节能环保集团公司	中国机械工业集团有限公司
中国华能集团公司	台达中国区
北京控股集团有限公司	佳能（中国）有限公司
三星中国投资有限公司	斗山（中国）投资有限公司
中国石油化工集团公司	浦项（中国）投资有限公司
上海大众汽车有限公司	上海海立（集团）股份有限公司
松下电器（中国）有限公司	爱茉莉太平洋中国
中国建筑材料集团有限公司	中国蒙牛乳业有限公司
中国电子信息产业集团有限公司	中国黄金行业协会
中国电信集团公司	强生（中国）投资有限公司
华润（集团）有限公司	中国兵器装备集团公司
中国电子科技集团公司	国家开发投资公司
中国黄金集团公司	朔黄铁路发展有限公司

续表

2016 年申请报告评级企业名单（63 家，截至 10 月）	
中国第一汽车集团公司	神华国华电力公司
丰田汽车（中国）投资有限公司	北京三元食品股份有限公司
越秀地产股份有限公司	中国港中旅集团有限公司
天津生态城投资开发有限公司	中国航天科技集团公司
华润置地有限公司	广汽丰田汽车有限公司
深圳供电局有限公司	中芯国际集成电路制造（上海）有限公司
中国民生银行股份有限公司	中国黄金国际资源有限公司
中国交通建设集团公司	中国互联网络信息中心
华润电力控股有限公司	
2015 年申请报告评级企业名单（65 家）	
中国海洋石油总公司	中国储备棉管理总公司
中国石油化工股份有限公司	远洋地产控股有限公司
中国建筑股份有限公司	中国航空工业集团公司
中国移动通信集团公司	广州百货集团有限公司
神华集团有限责任公司	太原钢铁（集团）有限公司
中国南方电网有限责任公司	现代汽车中国投资有限公司
中国华电集团公司	中国大唐集团公司
东风汽车公司	LG 中国
中国兵器工业集团公司	LG 化学
中国铝业公司	中国盐业总公司
中国节能环保集团公司	中国机械工业集团有限公司
中国华能集团公司	台达中国区
北京控股集团有限公司	佳能（中国）有限公司
三星中国投资有限公司	斗山（中国）投资有限公司
中国石油化工集团公司	浦项（中国）投资有限公司
上海大众汽车有限公司	社会科学文献出版社
松下电器（中国）有限公司	新兴际华集团有限公司
中国建筑材料集团有限公司	中国医药集团总公司
中国电子信息产业集团有限公司	中国中钢集团
中国电信集团公司	中国北方工业公司
华润（集团）有限公司	中国兵器装备集团公司

续表

2015 年申请报告评级企业名单（65 家）	
中国电子科技集团公司	国家开发投资公司
中国黄金集团公司	朔黄铁路发展有限公司
中国光大银行股份有限公司	神华国华电力公司
丰田汽车（中国）投资有限公司	北京三元食品股份有限公司
越秀地产股份有限公司	神朔铁路分公司
天津生态城投资开发有限公司	中国航天科技集团公司
华润置地有限公司	广东省建筑工程集团有限公司
深圳供电局有限公司	上海韩泰轮胎销售有限公司
中国民生银行股份有限公司	中芯国际集成电路制造（上海）有限公司
中国交通建设集团公司	中国黄金国际资源有限公司
华润电力控股有限公司	中国互联网络信息中心
中国诚通控股集团有限公司	

2014 年申请报告评级企业名单（61 家）	
中国南方电网公司	中国石油化工集团公司
中国黄金集团公司	中国三星
中国移动通信集团公司	中国华电集团公司
中国建筑股份有限公司	中国电子科技集团公司
中国铝业公司	中国电信集团公司
中国华能集团公司	中国兵器工业集团公司
中国建筑材料集团有限公司	斗山 Infracore（中国）
LG 中国	中国松下
华润（集团）有限公司	中国石油化工股份有限公司
神华集团有限责任公司	海南航空集团有限公司
佳能（中国）有限公司	中国医药集团总公司
中国电子信息产业集团有限公司	北京控股集团有限公司
中国海洋石油总公司	东风汽车公司
中国节能环保集团公司	上海大众汽车有限公司
中国黄金行业协会	太原钢铁（集团）有限公司
中国盐业总公司	国家核电技术公司
中国兵器装备集团公司	广州百货企业集团有限公司
中国储备棉管理总公司	中国中煤能源集团有限公司

续表

2014 年申请报告评级企业名单（61 家）	
LG 化学（中国）投资有限公司	深圳供电局有限公司
新兴际华集团有限公司	华润置地有限公司
现代汽车（中国）投资有限公司	中国黄金国际资源有限公司
华润电力控股有限公司	中国中钢集团公司
中国交通建设股份有限公司	中国航空工业集团公司
天津生态城投资开发有限公司	中国航天科技集团公司
中国储备粮管理总公司	中国机械工业集团有限公司
中国诚通控股集团有限公司	中国长江三峡集团公司
浦项（中国）投资有限公司	丰田汽车（中国）投资有限公司
中国保利集团公司	朔黄铁路发展有限责任公司
中粮集团有限公司	远洋地产有限公司
广州医药有限公司	中煤平朔集团有限公司
中国互联网络信息中心	

2013 年申请报告评级企业名单（60 家）	
中国南方电网公司	中国兵器工业集团公司
中国建筑材料集团有限公司	中国电信集团公司
中国华电集团公司	中国建筑股份有限公司
中国石油化工集团公司	中国华能集团公司
中国石油化工股份有限公司	中国电子科技集团公司
中国铝业公司	太原钢铁（集团）有限公司
华润（集团）有限公司	神华集团有限责任公司
中国联合网络通信集团有限公司	中国兵器装备集团公司
广东省粤电集团有限公司	国家核电技术公司
中国民生银行股份有限公司	广东省广业资产经营有限公司
中国三星	远洋地产控股有限公司
中国黄金集团公司	中国中煤能源集团有限公司
中国海洋石油总公司	中国储备棉总公司
中国建筑设计研究院	新兴际华集团有限公司
中国盐业总公司	中国电子信息产业集团有限公司
斗山 Infracore（中国）	中国保利集团公司
中国松下	中国中纺集团公司

续表

2013 年申请报告评级企业名单（60 家）	
中国东方航空股份有限公司	广东物资集团公司
中国医药集团总公司	中国机械工业集团有限公司
北京汽车集团有限公司	广东省建筑工程集团有限公司
中国黄金国际资源有限公司	中国航天科技集团公司
广东省丝绸纺织集团有限公司	广东粤海控股有限公司
中国中钢集团公司	中国交通建设股份有限公司
佳能（中国）有限公司	广州百货企业集团有限公司
中国节能环保集团	LG 化学（中国）投资有限公司
朔黄铁路发展有限责任公司	中国航空工业集团公司
广东省水电集团有限公司	浙江省电力公司
广东省交通集团有限公司	广东省广晟资产经营有限公司
广东省航运集团有限公司	广东省铁路建设投资集团有限公司
广东省广新控股集团有限公司	广东省机场管理集团有限公司

2012 年申请报告评级企业名单（43 家）	
中国电信集团公司	中国兵器工业集团公司
中国南方电网公司	中国石油化工股份有限公司
中国石油化工集团公司	中国华能集团公司
中国黄金行业协会	中国兵器装备集团公司
中国电子科技集团公司	中国诚通控股集团有限公司
鞍钢集团公司	中国民生银行
华润（集团）有限公司	中国黄金集团公司
中国电子信息产业集团有限公司	中国建筑材料有限公司
广百集团有限公司	武汉钢铁集团公司
神华集团有限责任公司	中国机械工业集团有限公司
中国华电集团公司	中国建筑股份有限公司
远洋地产	中国铝业公司
中国建筑设计研究院	新兴际华集团有限公司
哈尔滨电机厂有限责任公司	中国节能环保集团公司
中国农业发展集团有限公司	中国北方工业公司
中国储备棉管理总公司	中国盐业总公司
中国黄金国际资源有限公司	中国中钢集团

2012 年申请报告评级企业名单（43 家）	
中国医药集团总公司	广东粤电集团有限公司
广百股份有限公司	国家核电技术公司
马钢集团	中国航天科技集团公司
中煤集团	哈尔滨电气集团公司
佳能（中国）有限公司	

2011 年申请报告评级企业名单（22 家）	
中国南方电网有限责任公司	中国兵器装备集团公司
中国电信集团公司	中国盐业总公司
中国华能集团公司	中国建筑材料集团有限公司
中国石油化工集团公司	中国民生银行股份有限公司
中国石油化工股份有限公司	中国大唐集团公司
中国黄金集团公司	中国中钢集团公司
远洋地产控股有限公司	中国电子信息产业集团有限公司
中国电子科技集团公司	中国储备棉管理总公司
鞍钢集团公司	中国华电集团公司
哈尔滨电气集团公司	中国黄金国际资源股份有限公司
国家核电技术公司	中国医药集团总公司

2010 年申请报告评级企业名单（10 家）	
中国石化集团公司	中国大唐集团公司
中国石化股份公司	中国中钢集团公司
中国民生银行股份有限公司	中国南方电网有限责任公司
中国华能集团公司	马钢集团
中国华电集团公司	鞍山钢铁集团公司

后　记

　　《上海上市公司社会责任研究报告（2016）》是集体智慧的结晶，整个项目历时 4 个月，先后有 10 余人投入其中，共收集 222 家在上海市注册的境内上市公司的企业社会责任报告、企业年报、企业单项报告、企业官方网站及外部权威媒体新闻报道等相关社会责任信息，对几十项指标进行采集和分析，形成最终成果。本书编写过程中信息搜集、数据整理及写作工作，由翟利峰、王梦娟组织协调完成；王梦娟、贾晶、王志敏、冯丽、高晓璇、孙伟、刘烁等负责信息采集工作；翟利峰、王梦娟、贾晶共同完成信息录入、数据整理与指标赋权等工作。

　　本书的写作提纲由钟宏武、翟利峰、王梦娟共同确定。指数篇《上海上市公司社会责任发展指数（2016）》由翟利峰、王梦娟撰写；行业篇《热点行业社会责任发展指数（2016）》由王梦娟、贾晶撰写；报告篇《上海上市公司社会责任报告研究（2016）》由张蕙、贾晶、王志敏撰写；案例篇《上海上市公司优秀企业案例（2016）》由王梦娟、贾晶、王志敏整理完成；附录由翟利峰整理完成。全书由钟宏武、翟利峰审阅、修改和定稿。

　　本书的出版得到了经济管理出版社的大力支持，应该说没有出版社各位领导和同事的努力工作，本书很难如期与读者见面，在此表示由衷的感谢。

　　中国企业社会责任的研究起步不久，还有很多的问题有待探索和解决。希望各行各业的专家学者、读者朋友不吝赐教，推动中国企业社会责任更好更快地发展。

　　感谢所有为本书的顺利出版而付出努力的人。

中国社会科学院经济学部企业社会责任研究中心

中星责任云社会责任机构

2016 年 11 月